高等职业教育公共基础课精品教材·美育系列
高等职业教育数字化融媒体特色教材

# 青瓷赏析

APPRECIATION OF CELADON

主　编　王亚红

副主编　陈小波　郝彧　赖海霞

浙江大学出版社
ZHEJIANG UNIVERSITY PRESS
·杭州

U0560368

图书在版编目（CIP）数据

青瓷赏析 / 王亚红主编. —杭州：浙江大学出版社，2024.5
ISBN 978-7-308-24515-9

Ⅰ. ①青… Ⅱ. ①王… Ⅲ. ①青瓷(考古)－鉴赏－中国 Ⅳ. ①K876.34

中国国家版本馆CIP数据核字(2023)第253810号

**青瓷赏析**
QINGCI SHANGXI

王亚红　主编

责任编辑　徐　霞
责任校对　陈丽勋
责任印制　范洪法
封面设计　林智广告
出版发行　浙江大学出版社
　　　　　（杭州市天目山路148号　　邮政编码　310007）
　　　　　（网址：http://www.zjupress.com）
排　　版　杭州林智广告有限公司
印　　刷　浙江新华印刷技术有限公司
开　　本　787mm×1092mm　1/16
印　　张　9.5
字　　数　171千
版 印 次　2024年5月第1版　2024年5月第1次印刷
书　　号　ISBN 978-7-308-24515-9
定　　价　58.00元

# 前言

　　"天地有大美而不言"，青瓷也是如此，看似宁静无言，实则蕴含着无穷哲理。对青瓷的欣赏，色彩总是先入为主。青瓷的釉色丰富，从暖调的艾色到冷调的天青色，变化无穷，有名字的或无名字的釉色不下几十种，但不变的是那一抹青釉下透出的胎体本色，成就了"青色"悠远的东方美感。青瓷的器型比较敦厚凝重，对青铜器形制的模仿为青瓷的造型注入了质朴端庄的基因，但肥润的釉层在高温状态下的垂流使胎体硬朗的折角变得圆滑柔和，仿佛釉层下的胎体又回归到了泥料的柔软，这种婉转的力量赋予青瓷刚柔相济的美感。素面无纹的青瓷，呈现出"大道至简"的韵味；而饰以刻花和划花的青瓷，则总有一种克制隐忍的基调，刻花时深深浅浅的刀痕造就了浓浓淡淡的绿，划花时也至多是用褐色的圆点或线条进行装饰，但总逃不脱青色的主调。青瓷的美相较其他陶瓷品类来说更加含蓄内敛，看似具有相近釉色和器型的两件器物，可能属于不同窑口；看似釉色迥异的两件器物，可能属于同一窑口，无法一眼区分它们——这可能是横亘在许多青瓷初学者面前的第一道坎。

　　本教材是为没有青瓷相关学术背景的大学生或青瓷爱好者编写的一本通识教育读本。本书以青瓷窑口为主线，按照不同窑口在历史上出现的时间先后顺序逐一进行介绍，它们分别为越窑、耀州窑、汝窑、南宋官窑、哥窑和龙泉窑。

在这些章中，分别从窑口简要历史概述、窑口典型器介绍和赞颂窑口的诗歌赏析三个部分撰写，深入浅出地带领读者了解不同窑口的特点，形成"简史＋故事＋诗歌"的编写模式。为了更好地理解这些内容，在这些章前面设置"青瓷认知"和"青瓷制作工艺"两章。

作为一本新形态教材，本书在介绍一些专业术语时采用"简介＋二维码"的形式呈现，读者可以通过手机扫码的方式观看详细的视频。

本书编写团队成员包括浙江旅游职业学院艺术学院的教师王亚红、陈小波、郝彧，以及杭州云鼎文化创意有限公司的设计总监赖海霞。其中，王亚红负责教材框架的搭建和第三、四、五、六章的撰写；陈小波负责第一、二、九章的撰写；郝彧负责专业术语的文字整理和视频剪辑工作；赖海霞负责第七、八章的撰写。

本教材的编写得到了龙泉青瓷烧制技艺国家级非遗传承人徐朝兴大师、南宋官窑瓷制作技艺浙江省级传承人金益荣大师、浙江旅游职业学院教务处和艺术学院领导及同事的支持和帮助，在这里表示最真诚的谢意，借此书希望为中国青瓷文化的传播尽绵薄之力。

由于编者水平有限，书中难免存在谬误和不妥之处，恳请各位专家、同行和读者不吝批评和指正。

王亚红

# 目 录

第一章

# 青瓷认知

青

瓷

赏

析

青瓷，温润如玉、内敛隽永，如一位谦谦君子，淡然于世。它以瓷质光滑细腻、色泽清脆晶莹、线条明快流畅、造型端庄浑朴著称于世，自古以来深得文人雅士的喜爱。古人曾这样描述，"掭翠融青瑞色新，陶成先得贡吾君。功剜明月染春水，轻旋薄冰盛绿云"，对青瓷的赞扬溢于言表。

青瓷不但有俊美的外表，而且还有丰富的内涵，它是中华民族对"类玉"之美无限追求的结果，是无数陶瓷工匠对制瓷技艺不断提升的结果，是中华民族奉献给全人类的艺术珍宝。世界各地的史前文明中都或多或少地有陶器出土，它们是人类祖先智慧的体现，但只有在我们中华大地上，早在东汉，我们的祖先在人类历史上第一个创烧出符合现代标准要求的瓷器——青瓷（图 1.1）。自此，青瓷渗透在人们生活的各个角落，在被使用、被欣赏的同时主要通过海上丝绸之路出口到西亚、东南亚、欧洲、非洲等多个国家和地区，为国家经济的发展和陶瓷文化的传播做出了巨大的贡献。

图 1.1　越窑青瓷碗（美国大都会博物馆藏）

# 第一节　瓷之缘

"青瓷"从字面含义上可以理解为"青色的瓷器"。要想了解这位沉静的谦谦君子，需要从两个方面入手，即"瓷"这种材质和"青"这种颜色。

## 一、什么是瓷

瓷是一种材质，具有光滑、致密、易碎等物理性质。提到"瓷"就绕不开"陶"，它们俩经常一起被提及，也会分开来使用，以"陶瓷""陶器"和"瓷器"形式出现在人们面前。陶和瓷是既有联系又有区别的两种材质。其联系体现在：先有陶，后有瓷，瓷器是在陶器的基础上发展起来的，它们具有前后继承关系。其区别体现在：陶器是用陶土做胎，烧成温度低，施低温釉或不施釉，烧成后胎质较为疏松、吸水率高，彩陶（图1.2）、唐三彩（图1.3）和宜兴紫砂（图1.4）等都属于陶器；瓷器是用瓷石或瓷土做胎，烧成温度高，施高温釉，烧成后胎质细腻，胎釉结合较好、吸水率低，青瓷（图1.5）、白瓷（图1.6）和彩绘瓷（图1.7）等都属于瓷器。

图1.2 陶旋涡纹尖底瓶（甘肃省博物馆藏）　图1.3 三彩骆驼载乐俑（中国国家博物馆藏）　图1.4 紫砂瓜形执壶（故宫博物院藏）

图1.5 龙泉窑青釉出戟三足炉（故宫博物院藏）　图1.6 定窑鹿纹盘（美国大都会博物馆藏）　图1.7 五彩鱼藻纹盖罐（故宫博物院藏）

虽然我们可以通过目测、触摸、敲击等方式来快速区分陶和瓷，但我们的祖先从制陶到制瓷却用了八千多年时间，其中各种艰辛、各种坎坷可想而知，青瓷之花花开不易。

知识
拓展
1.1

**听声音快速识别陶器和瓷器**

陶器和瓷器的区分方法有很多，敲击法是比较快捷的一种方法。用手敲击两种器物会发出不同的声音，操作时用手指轻轻敲弹器物的表面，声音沉闷低哑的是陶器，声音清脆悦耳的是瓷器。究其原因，陶器和瓷器在烧成后胎质的致密程度不同，陶器比较疏松，敲击时声音比较沉闷，瓷器比较致密，敲击时声音比较高昂。因此，优质的薄胎瓷会被誉为"声如磬"，敲击时声音明亮清脆、穿透力极强。

视频 1.1

## 二、瓷的历程

从制陶到制瓷的八千多年历史长河主要经过了陶、原始瓷、成熟瓷三个阶段。

### （一）陶

陶的出现是人类用火的结果。我们的祖先发现经过火炙烤的黏土会变得坚硬，就先将黏土用手捏出各种形状的器皿，然后用火烘烤之后用来盛放粮食和水等物。江西万年县仙人洞遗址出土的陶罐（图 1.8）是目前世界上发现最早的陶器之一，距今一万年左右。陶器的出现是新石器时代到来的重要标志之一。在中华大地上先后出现了夹砂陶、泥质陶、彩陶、黑陶和白陶等品种。其中，新石器时代中晚期的彩陶艺术最令人瞩目。彩陶的纹饰记载了原始社会的古老信息，反映了丰富的文化内涵，是我们了解那个时代人们生活的一把珍贵钥匙。

图 1.8　粗砂绳纹红陶罐（中国国家博物馆藏）

## 彩陶人面网纹盆

人面网纹盆是彩陶的典型代表，它出土于陕西西安东郊半坡村，整体器型为卷唇、平底、鼓腹，高 16.5 厘米、口径 39.8 厘米。胎体颜色整体呈橘红色，内壁用黑彩绘有人面网纹图案，人面为圆球形，头顶有三角形发髻，发髻上有三角形尖锥物，鼻部呈三角形，耳部外伸上翘，嘴形似线轴，嘴角两侧有带短线的长三角。八个阴文图案将口沿八等分，盆中人面两嘴角各衔一条小鱼，仿佛一个孩童咬着鱼在玩耍，又仿佛是在进行某种祭祀活动时的化妆人面形象。

知识
拓展
**1.2**

视频 1.2

### （二）原始瓷

陶器诞生后又过了六千多年，原始瓷（确切可表述为原始青瓷）在夏商之际烧制成功。观察两张图片，一张是陶（图 1.9），一张是原始青瓷（图 1.10）。两者的区别比较显著：首先，陶器没有施釉，胎体颜色为褐色；其次，原始瓷施以薄釉，胎体颜色为黄褐色。原始瓷比陶器更加致密并初具青瓷光洁的特点。造成这种变化的原因有以下几点：其一，原始瓷采用经过淘洗的瓷泥进行制胎，胎质更加细腻；其二，原始瓷使用先进的龙窑进行烧制，烧制温度更高，胎质更加坚实。夏商之际，一些善制白陶的北方工匠为了躲避战乱，南迁至浙江、江西和福

图 1.9　彩陶鱼纹盆（中国国家博物馆藏）

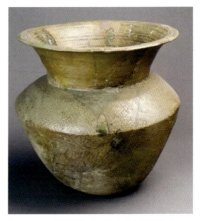

图 1.10　原始瓷尊（河南博物院藏）

建的交界山区地带，带来了瓷泥淘洗技术，和当地的制瓷工匠一起利用当地的灌木和地表植物作燃料，在依山而建的龙窑中创烧出原始瓷。原始瓷的生产过程并无施釉环节，但龙窑（图 1.11）比以前的窑温度更高，密闭性也更好，灌木在燃烧过程中生成的草木灰裹挟在蒸汽当中落在胎体表面，在 1200℃的高温状态下就形成了具有玻璃质感的薄薄釉层。这个时候的釉层往往不匀，火从左边来，就左半边有釉，火从右边来，就右半边有釉。窑工们发现之后，经过几代人的不断摸索就制成了草木灰釉。这时候的原始瓷已经有了瓷器的容貌，只是窑工们还没有完全掌握烧制技术，表现为胎体生烧，釉层薄且易脱落，颜色也不稳定，时而发青，更多的时候发黄，所以称为原始青瓷。原始青瓷经常仿制青铜鼎、簋等礼器作为南方地区的高级随葬品，也曾以假玉器的身份出现在北方地区，是当时比较优质的陶瓷品类，为世人所喜爱。

图 1.11　龙窑（浙江省龙泉市）

### 烧制原始瓷的龙窑

知识
拓展
1.3

　　龙窑的出现是陶向原始瓷转化的关键一步，烧制时龙窑温度高，密闭性也更好，为瓷的烧成创造了条件。2016 年，全国十大考古新发现——福建省永春县苦寨坑窑遗址，共发现 2 个区域 17 座龙窑窑炉，是迄今为止全国发现的年代最早的原始瓷窑址，把原始瓷的烧成时间往前推到夏商之际。

视频 1.3

（三）成熟瓷

自商周大规模出现原始瓷后又过了一千多年，东汉末年，在浙江上虞曹娥江中游两岸出现了专烧青瓷的窑场。中国科学院上海硅酸盐研究所的测试证明，从小仙坛等窑址出土的青瓷标本，在化学组成、烧成温度、胎釉显微结构、吸水率及抗弯强度等方面均已符合现代瓷器标准。釉色纯正、釉面莹润的青瓷表明当时窑工已经掌握了还原焰的焙烧技术。

### 还原焰焙烧原理

> **知识拓展 1.4**
>
> 还原焰是什么？以烧砖为例，红砖在最后烧成阶段是自然冷却的，胎体中的铁元素和空气中的氧气充分结合生成红色的氧化铁，所以红砖呈现出红色。而青砖在最后烧成阶段需要浇水进行水冷降温，浇水的目的是使胎体中的铁元素与空气中的氧气隔绝，形成还原环境，从而生成灰青色的氧化亚铁，所以青砖呈现出灰青色。烧制青瓷时，还原焰焙烧通过增加燃料的投放量，使碳元素含量大幅度增加，从而使胎体和釉料中的铁元素形成冷色调的氧化亚铁。

视频 1.4

青瓷青色的形成是在窑温达到 1200℃左右的时候迅速增加投柴量，提升窑炉内碳元素的含量，同时封堵窑炉进气口，减少窑炉内氧气的含量，碳元素在高温状态下会将氧化铁还原成氧化亚铁，使胎体和釉呈现青色。烧窑时还原越充分，青瓷色泽越青翠，因此才被叫作青瓷。原始青瓷之所以颜色发黄、发褐，就是因为窑工们在烧窑时没有掌握好还原气氛。这种还原焰的焙烧技术不断向周边传播，于是形成了后世所谓的越窑窑系。以东汉中晚期为起点，越窑带领中华民族开始迈向更加辉煌的瓷器时代。

**勇于探索——东汉谢胜攻克还原焰焙烧技术**

东汉末年，龙窑烧制产品生烧现象严重，青瓷的成品率低。为解决这个问题，谢胜在繁重的工作之余不忘学习各种技术，他试着在窑炉后部添加火源并在窑壁上挖出窗户一样的投柴孔。该方法大获成功后，他进一步掌握了控制投柴量和进空气量的还原焰焙烧技术，烧制出精美绝伦的越窑青瓷。陶瓷每一次的技术革新都是无数能工巧匠在失败中不断寻找解决办法、努力探索的结果。

视频 1.5

# 第二节　青之韵

从陶、原始瓷到瓷，共经历了八千多年的时间，从原始瓷开始，陶瓷就以青色面貌出现，青色的产生极具神秘色彩。

## 一、什么是青

青是什么颜色？在我们的日常生活中，经常挂在嘴边的有青天、青山、青莲等，这里的"青"不但表达了淡蓝色的天、苍翠的山和淡绿色的荷花，更表达了对天、山和莲的欣赏。我们还经常赞扬某人是"青出于蓝而胜于蓝"，对某人比较欣赏就会"青眼有加"，这里的"青"不再表达具体的色彩，而是表达了对他人的肯定和欣赏。"青"在中国人眼中是对美好事物的形容和修饰，带有极强的情感认同。从色彩角度来讲，"赤橙黄绿青蓝紫"，青是介于绿和蓝之间的无尽美丽的色彩区域（图 1.12），是浓绿、是翠绿，亦是蓝绿。但在青瓷中，青的色彩比较柔和、比较内敛。青瓷在几十米长的龙窑中焙烧时，因胎体放置位置和放置高度的不同，不可避免地会因窑内各部位温度和焙烧气氛的差异，导致入窑一色，出窑呈现出淡天青、淡青、淡绿、深绿、天蓝、黄绿、灰绿、土黄等颜色（图 1.13）。因此青瓷的青会显示出更多的含蓄性、包容性和情感性，体现了东方美学中含蓄、隐忍、内敛的禅意之境，久观青瓷之色养神、养心，对视间，不觉已将自己融入那一汪春水之中。

图 1.12　青色的颜色范围

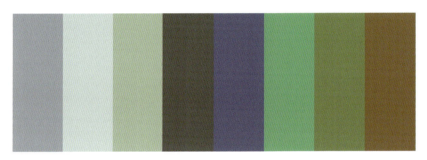

图 1.13　青瓷釉色代表

## 二、青的历程

在中国陶瓷史上曾先后出现了青瓷、白瓷、青花瓷、颜色釉瓷和彩绘瓷等，宋代《爱日堂抄》云"自古陶重青品"，清代唐秉钧在《文房肆考图说》中也记载"陶器以青为贵"。自东汉烧制出青瓷、隋代烧制出白瓷，到唐代形成"南青北白"的局面，南方以越窑为代表主要生产青瓷，北方以邢窑为代表主要生产白瓷。当时饮茶之风盛行，茶圣陆羽在《茶经》中讲道："盌（茶碗），越州上，鼎州次，婺州次……或者以邢州处越州上，殊为不然，若邢瓷类银，则越瓷类玉，邢不如越一也；若邢瓷类雪，则越瓷类冰，邢不如越二也；邢瓷白而茶色丹，越瓷青而茶色绿，邢不如越三也。"陆羽在《茶经》中对不同窑口产的茶碗进行品评，他认为在茶碗中越窑产的青瓷最好，像玉、像冰，比白瓷更衬汤色，使茶汤看起来更绿更美观。到宋代，人们对青瓷的喜爱达到狂热地步，在五大名窑——"官（图 1.14）、哥（图 1.15）、定（图 1.16）、汝（图 1.17）、钧（图 1.18）"中

官窑、哥窑、汝窑、钧窑四个都是青瓷窑口。青瓷之所以为人们所喜爱，其原因
是多方面的，可以从多个角度重新认识青色之美。

图 1.14　官窑青瓷琮式瓶　图 1.15　哥窑贯耳瓶（上　图 1.16　定窑白瓷孩儿枕（台北故宫博物院藏）
（英国大维德基金会藏）　海博物馆藏）

图 1.17　汝窑莲花式温碗（台北故宫博物院藏）　图 1.18　钧窑玫瑰紫釉渣斗式花盆（故宫博物
院藏）

**唐代茶仪——烹煮法**

知识
拓展
**1.6**

　　唐朝人喝茶用烹煮法，不是像我们现在这样用茶壶或
盖碗冲泡散茶，用茶杯喝，他们用茶碗喝茶。烹茶时用茶
鍑（就像我们现在的大砂锅一样），把饼茶碾碎丢进去煮，
还会加些盐和姜等调味，煮好后用勺子舀到茶碗中喝。

视频 1.6

### 宋代茶仪——点茶法

知识
拓展
**1.7**

到了宋代，中国的茶道发生了变化，点茶法成为时尚。宋代流行沫茶，喝茶时将沫茶放入温过的杯盏中，加入少量温水调成膏状，后将沸水注入茶盏内并用茶筅搅打，使茶与水均匀融合，逐渐把乳白色的茶沫打出，形成粥面。喝这样的沫茶，点水是关键，因而也叫点茶法。还可以在茶沫上用茶膏作画，被称为"茶百戏"。

视频 1.7

（一）人类的选择

人类在千百万年的进化历程中，尽管各个种群生活的环境千差万别，但呈现在我们面前的林木、草地、山峦、河海都是青绿色彩，因此，我们的眼睛便适应了环境的青绿色调，这种适应性通过基因遗传的方式被固定下来。科学研究表明，人眼在明亮处对波长为 555 纳米的绿色光最敏感，在黑暗处则对波长为 507 纳米的青色光最敏感。而历代青瓷的分光反射率峰值恰好在 450～600 纳米的波长范围内波动。由此可见，人们对青瓷的崇尚实际上反映了视觉器官的生理本质需求，也体现了人类对美丽大自然的依恋之情。自然界中的"青"是丰富多彩的，它具有无数个由深到浅、由暖到冷的色阶，这是用语言文字所无法准确表达的。因此，人们常以一个中性的"青"字来形容由蓝到绿的各种颜色。有时青则蓝，有时绿则青。对青绿色的喜爱是由人的自然审美意识决定的。它所包含的不仅是简单的光学上的东西，而且是大自然中的青绿色与人类心中最美好的希望交织、相融合的产物，这就是为何青色会在瓷器上最早出现，并一直为人们所钟爱，任时间流转也不曾改变。

（二）自然的馈赠

青色是大自然给我们的恩赐，从陶瓷工艺学角度讲，青瓷的烧制成功是由于龙窑烧制技术的革新，通过还原焰焙烧将瓷胎和釉当中的铁元素还原为氧化亚铁，从而呈现出青色，进而成就了类玉类冰的青瓷之美。

那么，瓷胎和釉中的铁从何而来？自然界的土壤中含有一定的铁元素，通常来说，颜色越红，土壤中的铁含量越高。在陶器生产阶段，制坯泥料基本都是就地取材，采用低温氧化焰烧制技术，烧成的器物呈现红褐色；在原始瓷生产阶段，制坯泥料虽经过了精炼淘洗，但由于当时的还原焰焙烧技术不成熟，烧成的器物仍呈现红褐色，偶尔呈现青绿色；在成熟瓷生产阶段，制坯泥料开始调配，还原焰焙烧技术成熟，烧成的器物呈现黄绿色或青绿色。

如果说青瓷釉料的发色主要取决于釉内铁的氧化物，那么釉面光滑透明的玻璃质感就取决于钙的氧化物。钙在釉料中是助熔剂，它能在较低温度下玻化，形成光泽好、透明度高、硬度大的釉层。那么，钙又从何而来？山丘上随处可见的蕨草和灌木，它们燃烧之后的草木灰中就含有氧化钙，可以用来制釉。一般，阔叶树灰的氧化钙含量在 20% 左右，小灌木灰的氧化钙含量在 25% 左右，不同青瓷窑口的工匠会根据经验进行选择配比。

（三）崇尚玉之美

如果说人类对青绿色的喜爱缘于眼睛对大自然的认同，青瓷的烧成是大自然对我们的恩赐，那么中华民族对青瓷尤为偏爱则缘于我们对美玉的无限情感。历史上我们烧制出了很多青釉，在釉色由黄转青、由清透变乳浊的路上孜孜以求、不断前进，目标只有一个——类玉。玉文化是中国独有的文化。玉说起来只是一块石头，但对中华民族来说是美好事物的代表。玉对我们审美的深刻影响由来已久。好玉不易得，但青瓷有着似玉般的釉色，可以成为很好的替代品，因此，瓷匠们都竭力追求。晚唐五代时期的越窑秘色瓷，发艾色（图 1.19），具有碧玉质感；官窑薄胎厚釉，如冰似玉；龙泉窑釉层丰厚，其粉青（图 1.20）、梅子青（图 1.21）釉色，更是青莹如玉；汝窑之所以以玛瑙入釉（图 1.22），其意也是为了获得玉的质感。

左图 1.19 "秘色瓷"罍（杭州临安区博物馆藏）

右图 1.20 龙泉窑青釉琮式瓶（故宫博物院藏）

图 1.21　龙泉窑青瓷注子（大英博物 图 1.22　汝窑青瓷盘（台北故宫博物院藏）
馆藏）

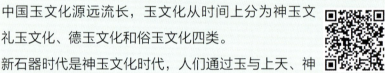

### 中华玉文化

中国玉文化源远流长，玉文化从时间上分为神玉文化、礼玉文化、德玉文化和俗玉文化四类。

新石器时代是神玉文化时代，人们通过玉与上天、神灵进行沟通和交流。

视频 1.8

商周时期是礼玉文化时代，当时已经建立了一套礼玉制度。

战国时代是德玉文化时代，当时礼乐崩坏，孔子提出"玉有十一德"的学说，他认为一个有修养的人应该具有玉的这些品德。后来东汉许慎进一步确定了"仁、义、智、勇、洁"的"玉有五德"的说法，并延续至今。

唐宋时期是俗玉文化时代，玉器更多地满足世俗文化的需求，具备赏玩性和装饰性。

**知识拓展 1.8**

清代人蓝浦在《景德镇陶录》中转引《爱日堂抄》云："自古陶重青品，晋曰'缥瓷'，唐曰'千峰翠色'，柴周曰'雨过天青'，吴越曰'秘色'。其后宋器虽具诸色，而汝瓷在宋烧者，淡青色；官窑、哥窑以粉青为上；东窑、龙泉，其色皆青。至明而秘色始绝。"青瓷的浩瀚之海等待着我们一起尽情徜徉。

1.从陶器制作到原始瓷制作再到瓷器制作的转变过程中，有哪些关键性技术？

　　2.结合自己的感受，谈一谈为什么中华民族特别偏爱青色。

青瓷赏析

第二章

青瓷制作工艺

青

瓷

赏

析

青瓷是泥与火的艺术，青瓷成型工序繁多，号称"百工"。虽然不同青瓷窑口烧制出的青瓷釉色有深浅之分、冷暖之别，釉面有的光素无纹、有的满花堆雕，但成就每件青瓷都离不开泥料准备、成型、修制、装饰、施釉和烧制等环节，每个环节由多道工序组成，环环相扣，缺一不可。

青瓷看似繁琐复杂的制作过程，按照制作的先后顺序大致可以分为三个阶段：原料准备、成型装饰和施釉烧制。

**青瓷制作的工艺流程**

知识
拓展
2.1

以龙泉青瓷手工成型工艺为例，其流程大致分为六个步骤。

第一步为揉泥，工匠们要精心地用手揉，排出泥中的空气，直至将瓷泥揉均匀为止。

视频2.1

第二步为拉坯，将揉好的瓷泥放在拉坯机上，然后双手沾上些许水，轻轻地拍一拍，双手拢住瓷泥，拉出想要的器型。

第三步为修坯，晾干后的坯体需要进行修整，工匠们胸有成竹地用修坯刀修整泥坯，精美的青瓷造型已经初具规模。

第四步为装饰，刻花和贴花是青瓷除跳刀以外的主要装饰手法。

第五步为施釉，釉色是青瓷的灵魂，所以上釉是龙泉青瓷制作过程中重中之重的工序。

第六步为烧制，青瓷的制作是一项"泥与火的艺术"，烧制的成功与否决定青瓷制作的成败。

# 第一节 原料准备

原料准备分为泥料的准备和釉料的准备。配制泥料相对简单，一到两种原料即可；配制釉料要复杂得多，基础原料至少五种，配釉师傅通常还要加些独家配料，犹如配伍中药一般，每种原料的用量都要反复斟酌、大胆谨慎。

## 一、备泥

准备泥料是青瓷成型的第一步。青瓷的泥料多就地取材，瓷土矿石经过粉碎、淘洗、压滤、陈腐等步骤后才能使用。按工艺的不同，泥料主要分为揉泥和配置泥浆。

揉泥是为拉坯、捏塑等成型方式准备的，其目的主要有两个：一是排出泥料中的空气或杂质；二是增加泥料的紧致度和柔韧性。通常的揉泥方式有"羊角揉"（图 2.1）和"菊花揉"（图 2.2）两种。"羊角揉"因揉制过程中，泥料形似羊角而得名；"菊花揉"则因揉制过程中，泥料形似菊花而得名。

配置泥浆（图 2.3）是为注浆成型准备的，配置泥浆讲究泥和水的恰当比例，泥料非常容易沉淀在底部，而水则容易浮于上部，在注浆前泥浆需要充分搅拌均匀。

图 2.1　羊角揉

图 2.2　菊花揉

图 2.3　泥浆制作

## 二、备釉

备釉比备泥困难得多，主要体现在原料种类非常繁多，并且各种原料的配比也非常复杂。每个青瓷窑口的釉料配方各不相同，即使同一窑口每位制釉师傅的釉料配方也不同，他们往往通过口传心授留给自己的后人，因此配方极易流失。历史上的青瓷名窑在复烧过程中最难的就是对釉质、釉色的复制，往往需要数万次的实验才能较为接近。

以龙泉青瓷制釉为例，粉青和梅子青是龙泉青瓷的代表釉色，它们的基础原料主要有黏土、瓷石、瓷土、紫金土、石灰石和草木灰六种，经过粉碎、淘洗、煅烧、配比、研磨等步骤后才能使用。

# 第二节　成型装饰

## 一、成型

成型是将配置好的青瓷泥料制作成一定坯体造型的工艺步骤。青瓷的成型工艺主要包括拉坯成型、捏塑成型、注浆成型等。

### （一）拉坯成型

拉坯成型是利用拉坯机旋转的力量，用双手将转盘上的泥团拉成各种形状的成型方式，也叫轮制法，主要用于制作圆形器。拉坯机（又叫拉坯车）自古就有，最开始是慢轮拉坯车（图 2.4），原始社会的彩陶制作就用到了慢轮制作。在慢轮基础上发展起来的快轮拉坯车（图 2.5）转速更快，拉制圆形器也更为便捷。

图 2.4　慢轮制陶　　　　　　　　　图 2.5　快轮制陶

**拉坯成型**

知识
拓展
2.2

拉坯时先将揉好的泥团置于轮盘的正中间，然后在转动的拉坯机上用手抱正扶顺，接着在泥团上部的中间抠出一个窝，并上提，把窝拔高形成泥桶状。再把左手放在泥桶里、右手放在泥桶外，两手里外相对挤拉泥桶，在向上或外扩的过程中使泥桶变成适当厚度的坯体，并不断调整形状，使坯体成为预定的各种器型。

视频 2.2

（二）捏塑成型

捏塑成型是指用手将湿泥捏成想要的形状的一种成型方式。在青瓷中多用捏塑方法制作雕塑人俑（图2.6）、动物（图2.7）、场景（图2.8）或青瓷配件，多反映当时社会生活的方方面面，其造型自由洒脱、活泼生动。捏塑形象在青瓷器物上的使用，常见的有三类：第一类使用在器盖之上，第二类使用在器身上，第三类则用在器物足部处。宋代以后，因社会生活的变迁、器物用途的变化，施用于器盖之上的捏塑技术逐渐退出人们的视野。

图2.6 耀州窑青瓷药王像（故宫博物院藏）

图2.7 越窑青瓷神兽（南京博物院藏）

图2.8 越窑青瓷鸡笼（故宫博物院藏）

**捏塑成型**

知识
拓展
**2.3**

以人物捏塑为例，先将与人物体量相适的泥料放在转盘上，然后将人物的大体形态用手迅速捏出，接着塑造人物的动态和面部形态，最后完善细部，力求栩栩如生。

视频2.3

（三）注浆成型

注浆成型又名灌浆法，是指将素烧坯、石膏等吸水材质做成模具（图2.9），再将泥浆注入模具（图2.10），使泥浆依附于模具上形成泥层而成型的方式。注浆成型能够快速制作出同一型号的坯体，是大规模生产时经常采用的成型方式。汝窑和南宋官窑"澄泥为范"（图2.11）的传统就是注浆成型的代表。

图 2.9　石膏模具

图 2.10　注浆

图 2.11　南宋官窑窑址出土陶范

### 注浆成型

从操作上来看，注浆成型比拉坯成型更为简便，生产效率也更高。利用石膏模具吸收水分的特性，将坯料泥浆分次注入模具内，使泥浆附于模具上形成泥层。泥层的厚薄视时间长短而定，达到产品所需厚度，便可将多余泥浆倒出，等注浆泥坯硬化、体积收缩后脱模，即可得半成品泥坯。

视频 2.4

### （四）修制

修制坯体是将成型的泥坯在干燥过程中修掉多余部分，使整体造型更加优美精致，主要采用修坯法。根据器型的不同，可分为圆器修坯（图 2.12）和非圆器修坯（图 2.13）。

圆器修坯时，将半干的坯体放于拉坯机的转盘上，在坯体旋转过程中用修坯刀旋掉多余部分，使坯体里光外平，旋后把底部多余的部分修掉并挖足，最终完成青瓷的造型部分。

非圆器修坯时，则直接用刀片削掉多余部分，例如注浆成型时的合缝线就是被直接修掉的。

图 2.12　圆器修坯　　　　　　　　　　图 2.13　非圆器修坯

### 圆器修坯

**知识拓展2.5**

　　拉坯成型之后，当坯体达到七成干的时候就可以修坯了。修坯时将器物中心与拉坯机中心对准是非常重要的，可以通过拉坯机静态时精准定位或在拉坯机转动时轻推调整的方式找到中心。接下来就可以按照从上到下、从里到外的顺序选择合适的修坯刀修整造型，最后进行挖足。修坯时还可以通过不断补水的方式增加坯体的湿度，以达到修坯刀用力时准确流畅的目的。

视频 2.5

## 二、装饰

　　除一些素面无纹的青瓷外，青瓷坯体都会进行装饰。装饰是在泥质坯体上增加一些细节，打破光素无纹坯体的单调感，使烧制出的青瓷釉面因坯体表面的凹凸变化而显现出深深浅浅的青色花纹，使得青瓷的装饰感更加丰富多彩。坯体装饰主要采用的技法有刻划花、贴花、透雕等。

### （一）刻划花

　　刻划花，是在已干或半干的陶瓷坯体表面，用竹质或铁质工具来刻划出花卉、人物等纹样，装饰纹样低于坯体表面，是一种减法装饰。以刻线为主的是划花。越窑青瓷以划花装饰见长（图2.14）。以刻面为主的是刻花，耀州窑青瓷以刻花装饰见长（图2.15）。在青瓷装饰中，划花和刻花经常综合使用，因此合称为刻划花（图2.16）。

图2.14　划花　　　　　图2.15　刻花　　　　　图2.16　刻划花

**刻划花**

刻划花的操作步骤为：

第一步，确定花纹轮廓，可以用铅笔直接在干燥的坯体上起稿，也可以在纸上画好之后再描摹到坯体上。

第二步，刻轮廓线，用刻线刀沿轮廓边沿行刀，注意入刀深浅应尽量一致。

视频2.6

第三步，用平口刀沿刻好的轮廓线铲掉表面坯体，越靠近轮廓线刻得越深，形成具有30°左右夹角的平坦坡面。

第四步，调整大效果，并刻画细节。

（二）贴花

贴花是指先采用模制或捏塑等方法制出各种人物（图2.17）、动物（图2.18）和植物（图2.19）等花纹图案，然后用坯料泥浆粘贴在已做好的泥坯表面，装饰纹样凸出于坯体，是一种加法装饰。贴花技法满釉装饰在龙泉窑器物上发展出一种露胎装饰，在人物题材上广为应用，匠心独具。

图 2.17　人物露胎贴花

图 2.18　动物贴花

图 2.19　植物贴花

### 贴花

贴花的操作步骤为：

第一步，在石膏模具上压入瓷泥，待瓷泥失水、体积缩小后取出备用。

视频 2.7

第二步，取出修好的泥坯，在需要贴花的部位刷上泥浆。

第三步，把半干的贴花配件粘贴到坯体上，并轻轻按压配件使其与坯体完全黏合。

## （三）透雕

透雕多应用在需要透气的香器之上（图 2.20），是在半干的器物坯体上，先画出装饰图案，然后用雕刻工具将其雕至通透，从而产生丰富灵动的艺术效果（图 2.21）。因坯体容易崩坏，透雕需要熟练的操作技法，在需要和刻划花、贴花等装饰技法综合应用时，一般先操作透雕部分。

图 2.20　青瓷透雕唐草纹盒（日本东京国立博物馆藏）

图 2.21　透雕烧制前后效果

## 透雕

视频 2.8

透雕的操作步骤为：

第一步，将画稿勾勒在坯体上，确定透雕位置。

第二步，用镂刻刀沿透雕轮廓靠外 2 毫米左右下刀刻深线，直至刻透。

第三步，将镂刻范围逐渐向轮廓靠拢，并不时补水，避免坯体崩口。

第四步，调整大效果，并刻画细节。

# 第三节　施釉烧制

## 一、施釉

施釉是将调制好的釉浆布满坯体的工艺步骤。青釉层在高温状态下具有流动性，烧制后呈现光滑清透的玻璃质感，是青瓷晶莹剔透、流光溢彩的重要原因。施釉主要有荡釉、涂釉和吹釉等操作技法。

### （一）荡釉

荡釉是施青瓷内釉的主要方式，荡釉时出釉要快，因此釉层普遍较薄。用长柄盛器将釉浆注入素坯的内部（图 2.22），朝一个方向晃动振荡，使得内壁所挂釉浆均匀牢靠，最终釉浆全部覆盖内壁即可大功告成。

图 2.22　荡釉

### 荡釉

知识
拓展
2.9

荡釉的操作步骤为：

第一步，清洁坯体内部，口大的器型可以通过水流清洁，口小的器型可以用气流将瓶内灰尘吹出。

第二步，一次性舀入充足釉浆，迅速摇晃，使釉浆均匀地附着在器物内壁。

第三步，迅速出浆，把多余的釉浆倒回釉桶。

视频 2.9

## （二）涂釉

涂釉又称刷釉，一般应用于小型器物的表面施釉或是补釉。用涂刷工具将釉浆涂在器物的素坯上，并达到一定的厚度（图 2.23）。在青瓷施釉过程中，涂釉很少单独使用，经常作为荡釉、吹釉操作出现缺釉时的补救方法。

图 2.23 涂釉

### 涂釉

知识
拓展
2.10

涂釉的操作步骤为：

第一步，清洁瓷面，减少出现杂点和缩釉的概率。

第二步，用柔软的毛刷蘸足量的釉浆按一个方向涂刷，涂满一遍等待晾干。

第三步，重复第二步的操作 2~3 遍，直到釉层达到 2~3 毫米的厚度。

视频 2.10

## （三）吹釉

吹釉是出现较晚的一种施釉方式，最初是由工匠用嘴吹釉壶的吹嘴，使釉以颗粒状散布到坯体表面，现在多使用气泵替代人工，是青瓷施釉的主要方式。操作时用喷釉壶或吹管、吹筒等工具，反复多次并均匀地将釉浆喷到器物素坯上（图 2.24），最终形成一定厚度并有颗粒感的釉层。

图 2.24 吹釉

吹釉

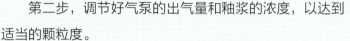

知识
拓展
2.11

吹釉的操作步骤为:

第一步,清洁瓷面。

第二步,调节好气泵的出气量和釉浆的浓度,以达到
适当的颗粒度。

视频 2.11

第三步,左手旋转转盘,右手持喷釉壶从下到上匀速上行。

第四步,重复第三步的操作 3~5 遍,直到釉层达到 3~5 毫米的
厚度。

## 二、烧制

青瓷烧制不仅是一项技术,也是一种艺术。在历史上,陶瓷烧制采用的窑炉
多种多样,青瓷主要使用龙窑、气窑等进行烧制。龙窑是一种半连续式陶瓷烧成
窑(图 2.25),它依一定的坡度建造,以斜卧似龙而得名。龙窑最早出现于战国
时代,多采用自然通风方式,以杂柴、松枝等植物为燃料。气窑是用燃气作燃料
的窑炉(图 2.26),具有清洁环保、易于操作的特点,是现代青瓷烧制主要采用
的窑炉形式。

图 2.25　龙窑(龙泉宝溪陈家窑)　　图 2.26　气窑

用气窑烧制青瓷时不仅需要测温计、温锥、釉照等工具和材料,更需要丰富
的烧窑经验。烧制时将坯体放入高温窑炉内进行烘烤,依据烧成目的的不同,青
瓷烧制分为素烧和釉烧。

(一)素烧

素烧是指将未施釉的生坯放在炉内,并加热到 800℃左右的过程,该过程使

坯体具有一定的机械强度以便施釉。青瓷施釉比较厚，因此需要素烧之后才能反复施釉，素烧时可以使用电窑或者气窑。

（二）釉烧

经过素烧的坯体施釉后，再进入窑内焙烧，称为釉烧，也称正烧。釉烧可用气窑也可用龙窑烧制，现在的青瓷多用气窑进行釉烧。在气窑中青瓷釉烧的最高温度需要达到1290℃左右，且需连续烧制20多个小时，之后进入熄火保温期，保温时间为2~3天。待窑温冷却至室温后，才能敞开窑门，窑室内便是晶莹剔透的青瓷作品。

### 龙窑釉烧

龙窑釉烧的操作要更复杂一些，大致分为以下几个步骤。

视频 2.12

第一步，装匣。施釉后经晾干的坯体按不同的器物造型分别装匣，先在匣钵底放一把谷壳灰再放垫饼，然后在垫饼上放所需烧制的器物。

第二步，装窑。把装好瓷坯的匣钵装入窑室内，装窑时要注意匣钵排列合理有序。

第三步，备柴。木柴要短小、干燥，以松木、杉木为佳，一般需准备上万斤。

第四步，烧窑头。窑头需要烧8小时左右，需木柴5000～6000斤。烧窑前，要用砖和泥封堵所有窑门和投柴孔，只留窑头投柴孔、送风口和窑尾排烟孔。当烧到第七室的匣钵发红时，窑头烧结束，开始烧第一室。

第五步，烧窑室。每个窑室的两边都开有投柴孔，要同时烧。烧火的关键是要勤快，不能偷懒，一室烧好开始烧下一室称为开间，烧第二室时第一室还需不时投少量柴火，依此类推。

第六步，看火候。一般通过观察窑室内的火焰颜色和火照变化来综合判断火候情况。整个龙窑釉烧持续1~2天，烧窑结束后需冷却3~4天方可开窑。

烧龙窑难度很高，烧窑师傅要耳聪目明，并练就一双火眼金睛。

知识
拓展
2.12

青瓷是一代代陶瓷匠人在总结前人经验基础上不断努力的结果。2009 年，龙泉青瓷传统烧制技艺被列入《人类非物质文化遗产代表作名录》，是唯一入选的陶瓷类项目。随着更多青瓷窑口的复烧成功和产业化发展，青瓷这只被历代文人、贵族珍爱推崇的"堂前燕"必定会飞到更多的"寻常百姓家"。

## 非物质文化遗产

视频 2.13

**知识拓展 2.13**

2003 年 10 月 17 日，联合国教科文组织第 32 届大会通过了《保护非物质文化遗产公约》，明确了"非物质文化遗产"的概念，是指各族人民世代相传并视为其文化遗产组成部分的各种传统文化表现形式，以及与传统文化表现形式相关的实物和场所。包括：传统口头文学以及作为其载体的语言，传统美术、书法、音乐、舞蹈、戏剧、曲艺和杂技，传统技艺、医药和历法，传统礼仪、节庆等民俗，传统体育和游艺，以及其他非物质文化遗产。

非物质文化遗产可以大致分为五类：口头传说和表述；表演艺术；社会风俗、礼仪和节庆；有关自然界和宇宙的知识和实践；传统的手工艺技能。

**思考题**

1.青瓷的制作步骤很多，环环相扣、缺一不可，你对哪个步骤印象最深？

2.在青瓷坯体装饰环节，除了书中介绍的刻划花、贴花、透雕，你还知道哪些技法？

青瓷赏析

第三章

千峰翠色话越窑

青

瓷

赏

析

越窑是对浙江宁波、绍兴一带北宋以前窑系的统称（图 3.1）。依托以绍兴为中心的古越国的发达水系、优良瓷土和丰富的森林资源，宁绍地区成为原始青瓷的主要烧造地，并在东汉中晚期成为成熟青瓷第一次烧制成功的地方。因此，越窑也被称为中国陶瓷之母。

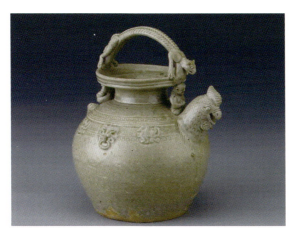

图 3.1　越窑青瓷鸡首壶（余姚博物馆藏）

# 第一节　越窑历史概述

越窑作为最早烧制出青瓷的窑口，记载其历史的古籍不多。根据近几年的考古发掘，越窑的烧造史是从东汉到北宋晚期，大致经历了东汉的初创期，三国、西晋的繁盛期，东晋、南北朝的萎缩期，隋唐的复兴期，五代十国的全盛期和北宋的衰落期六个阶段，它的发展并不是一帆风顺的。

## 一、初创期

越窑形成于东汉，而其渊源可上溯到商周时原始瓷的生产。越窑的中心在今浙江上虞曹娥江中游，那里重峦叠嶂、水路发达，自古就是经济比较繁荣的地区。东汉政局动荡，北方人为避战乱而大量南迁，越地人口的大幅度增加使人们对生活用瓷需求大增。而当时厚葬风盛行，王公贵族自不用讲，就连普通老百姓生前可以困苦、可以缺衣少食，但死后倾其所有也要带走很多随葬品，其中陶瓷是大宗，这些需求对瓷器的生产起了积极的促进作用。瓷器种类除了有碗、盏等食器，还有钵、瓶（图 3.2）、罐（图 3.3）、盘口壶等容器。青瓷釉色烧制不稳定，除了常见的青釉，青黄釉和灰色釉也占有一定比例。青瓷纹饰主要是几何纹、旋纹和水波纹等，捏塑有胡俑、水井、灶台（图 3.4）和动物等形象。

图 3.2　越窑青瓷瓶（浙　图 3.3　越窑青瓷罐（上虞博物馆藏）图 3.4　越窑青瓷灶（浙江鄞州区文物管
江省博物馆藏）　　　　　　　　　　　　　　　　　　　　　　　　　理委员会藏）

### 铺首衔环装饰

知识
拓展
**3.1**

动物在早期青瓷中多以铺首形象出现。铺首也称铺首衔环，是一种兽面纹饰，形式为兽首衔一圆环，最早出现在商代青铜器上，具有神秘威严的特征。作为装饰构件，其与祭祀用的青铜器一样，起到了与神灵沟通的目的。在青瓷装饰中出现铺首，反映出早期青瓷装饰对青铜器的模仿和学习。

视频 3.1

## 二、繁盛期

三国、西晋时期，越窑迎来了它的第一次发展高潮。三国鼎立局面形成之后，吴国统治者在自己的疆域内力求社会安定，努力发展农业生产，为制瓷业的发展提供了保障。特别是西晋立国之后，江南地区社会经济得到较快发展，人民安居乐业。曹娥江一带瓷土蕴藏丰富，燃料较为充足，交通便利，这些都促使瓷器生产迅速发展，越窑制瓷业达到繁盛。越窑制瓷技术成熟，生产规模扩大，生产技术提高，产品丰富，造型多样，装饰精美，从食具、酒具到文具、灯具等，瓷器已经进入人们生活的方方面面。瓷器种类除了碗、盏、罐等，还出现了随葬的谷仓罐（图3.5），替代铜器的熏炉、笔洗等，替代漆器的盘、耳杯（图3.6）等。青瓷釉色稳定、沉静晶莹，呈灰绿色调。青瓷装饰以网格带纹、珠帘纹为主流，兼有刻花、印贴的铺首（图3.7），以及捏塑等各种装饰，大量瓷塑以动物形象为主，极具生活气息。

图 3.5　越窑青瓷谷仓罐（南京市博物馆藏）　　图 3.6　越窑青瓷羽觞、承盘（南京市博物馆藏）　　图 3.7　越窑青瓷卣（马鞍山市三国朱然家族墓地博物馆藏）

**谷仓罐**

知识
拓展
**3.2**

　　谷仓罐又名魂瓶、魂亭、堆塑罐等，是从东汉时的五联罐演化而来的冥器，形状如坛。在罐上用堆贴与捏塑相结合的手法，堆塑出人物、鸟雀、走兽、亭阙和佛像等形象，取子孙繁衍、六畜繁息之意。常用以安死者之魂，而慰生者之望。谷仓罐反映了三国时期制瓷工艺在成型技术上取得的高度成就，至两晋时期，谷仓罐已成为一种流行瓷器。

视频 3.2

## 三、萎缩期

　　东晋、南北朝时期，政局动荡，战乱频发，人民生活困苦，越窑产业规模大幅度缩减。东晋的孙恩起义和南朝梁武帝末年的侯景之乱，使江南经济遭到重创，民不聊生，厚葬风迅速消退，各类用于随葬的冥器已基本停烧，越窑的生产总量因此锐减。隋至唐早期，全国的统一促进了南北经济的发展，但北方白瓷的烧造和南方其他青瓷产区的出现，使越窑的生存空间被进一步压缩，内忧外患一同袭来。这一时期，尽管越窑窑场数量减少、产量下降，但产品品质依然较高。瓷器种类较三国、西晋时期有所减少，器型普遍加大变高，更注重实用性。青瓷釉色以青黄绿釉为主，出现褐色点彩装饰（图3.8）。青瓷装饰以刻花莲瓣纹为常见（图3.9），动物纹饰较少，反映出佛教传播的盛况。

图 3.8　越窑青瓷熏炉（南京市博物馆藏）　　图 3.9　越窑青瓷莲瓣纹盘（上虞博物馆藏）

**冥器**

知识
拓展
**3.3**

　　冥器也称明器、盟器，是专门为随葬而制作的器物。中国古人有"视死如生"的厚葬传统，除日用器物的仿制品外，还有人物、畜禽的塑像及车船、建筑物、工具、兵器、家具的模型等。冥器是考察古人生活极有参考价值的考古实物。

视频 3.3

## 四、复兴期

随着社会经济的发展，至唐代中晚期，越窑迅速兴盛起来。唐以来中国的经济重心南移，人民生活富裕，江南人口激增，对瓷器的需求自然增多。尤其饮茶之风盛行，中外交往日益频繁，饮茶之风盛行海外，青瓷茶器不但是国人的心头好，更是外国人千金难买的好物。海外贸易对越窑青瓷的需求极大地刺激了越窑的青瓷烧造，青瓷在出口贸易上发挥出重要作用。陶瓷出口主要依靠水运和海运，现在我们看到海底沉船打捞经常出现青瓷的身影，其中就有越窑青瓷。瓷器品种增多，除了常见的碗、盘、盏等日用瓷，饮茶用的注子（图3.10）、仿金银器的花口盘（图3.11）和方盘（图3.12）开始出现，酒具、香具、化妆用具等种类繁多。青瓷釉色以青黄绿釉为主，少数精品呈湖绿色。这个时期越窑瓷器胎体细薄，釉面光洁，质量显著提升，盛行刻划花装饰，同时有少量的褐色彩绘（图3.13）。

左上图3.10　越窑青瓷注子（宁波博物馆藏）

右上图3.11　秘色瓷盘（法门寺博物馆藏）

左下图3.12　越窑青瓷盘（新加坡亚洲文明博物馆藏）

右下图3.13　秘色瓷褐彩熏炉（杭州临安博物馆藏）

### 海底沉船

海底沉船是水下考古的主要研究对象，随着我国古代沉船不断被打捞上岸，一件件文物为我们研究船只沉没年代的商品生产水平、社会生活状况、文化贸易交流

视频3.4

情况等提供了直接材料。例如，1998年在印度尼西亚海域附近打捞出的"黑石号"，即属于晚唐。"黑石号"上打捞出的文物陶瓷制品超67000件，其中越窑青瓷"细线刻花"装饰器物的出现，推翻了以往认为细线刻花出现在更晚的五代时期这一观点。

## 五、全盛期

五代十国，政权动荡，中国又一次进入分裂状态。但偏安于东南一隅的钱氏吴越国，社会政治相对稳定，人民安居乐业，为越窑的发展提供了安定的社会环境。一方面，越窑能满足国内用瓷和出口外销瓷的需求，能为吴越国带来大量财富；另一方面，越窑青瓷是优质的土贡产品，对中原王室忠顺进贡，能为吴越国赢得更多的和平环境。因此，钱氏政权大力发展陶瓷经济，越窑的生产数量和质量都走向了全盛时期。从唐末到五代出现了中国最早的皇家贡瓷——秘色瓷，代表了越窑青瓷的最高水平。青瓷种类较多，主要有碗、盘、碟、杯、罐、套盒（图3.14）、香炉、注子（图3.15）等日用瓷，以及罂（图3.16）、枕（图3.17）等冥器。该时期的青瓷釉色青绿明亮，釉面滋润，美丽异常。青瓷装饰以素面为主，细线划花装饰技法成熟，主要有龙纹（图3.18）、人物纹（图3.19）和水波纹等。吴越国晚期越窑青瓷胎质细腻，釉面均匀温润，釉层清亮，成型规矩，造型端庄，制品精致，是越窑制瓷史上的高光时刻。

图 3.14　秘色瓷套盒（浙江省博物馆藏）

图 3.15　越窑青瓷注子（无锡市锡山区文物管理办公室藏）

图 3.16　越窑青瓷蟠龙罂（嵊州市文物管理处藏）

图 3.17　越窑青瓷双虎枕（上虞博物馆藏）

图 3.18　秘色瓷龙纹罂（浙江省博物馆藏）

图 3.19　越窑青瓷注子（首都博物馆藏）

## 茶瓶

知识拓展
**3.5**

　　茶瓶又称汤瓶、水注、注子或执壶，是一种点茶用具。宋代点茶法盛行，上至王公贵胄下至市井平民皆痴迷此道，苏廙在《十六汤品》中曾述："（茶瓶）贵厌金银，贱恶铜铁，则瓷瓶有足取焉。幽士逸夫，品色尤宜。"可

视频 3.5

见，瓷茶瓶因其既容易得到又具有良好的使用功能，而深得推崇。点水时，要有节制，落水点要准，不能破坏茶面，因此兼具煮水和注水功能的茶瓶就显得至关重要，无怪乎南宋审安老人在《茶具图赞》中称茶瓶为"汤提点"。

## 六、衰落期

至北宋晚期，越窑进入了衰落期。生产成本的上升是其衰落的主要原因，表现为三方面：第一，燃料缺乏。一方面，吴越国时期，为追求经济利益与和平的外部环境，统治者厚贡取宠，越窑青瓷产量巨大，瓷器烧造所需大量的松木成长周期缓慢，林木资源日益枯竭；另一方面，林地被大规模开垦用于种植收益更高的水稻、小麦等粮食作物和茶等经济作物，燃料就更加短缺。第二，窑工报酬提升。宋代浙江地区农业的发展及经济的繁荣，使劳动力雇佣成本不断上升，窑场主不得不相应提高窑工的报酬，导致生产成本不断提高。第三，吴越国征税重，青瓷是吴越国重要的经济支柱，统治者为追求更多的财富，对窑场赋税异常严苛。这些原因导致越窑逐渐走向没落。

### 烧窑燃料

**知识拓展 3.6**

木材、煤炭、燃气都是烧窑的燃料。古人烧龙窑主要使用木材，其中马尾松等松柏类树木是最佳选择，它们富含油脂，燃烧值高、耐烧，对还原焰焙烧非常有利。但马尾松生长缓慢，适于作燃料的树龄通常要达到 20 年左右，因此传统龙窑烧制需要大片林地。

视频 3.6

20 世纪 60 年代初，主要以煤炭为燃料的隧道窑投入使用，隧道窑适合大规模生产，但煤炭中杂质较多，烧制难度较大，成品率不高。90 年代初，我国引进德国的以天然气为燃料的高温梭式窑，该窑燃气清洁、热效率高。现代的陶瓷窑炉技术随着新型燃料的发展，大大提高了窑炉的能源利用率，并为人们的日常生活提供了更多的陶瓷制品。

从东汉末年到北宋末年的九百年间，越窑瓷器行销全国各地，还曾被纳为宫廷用瓷，并从唐代开始大量输往亚、非各地。越窑衰落之后，其卓越的制瓷技艺远播各地，对北方的耀州窑（图 3.20）和南方的龙泉窑（图 3.21），乃至朝鲜半岛的高丽窑（图 3.22）都产生过巨大影响，推动着海内外制瓷业的发展。越窑是古代历史最悠久、影响最大的瓷窑体系之一，是中国陶瓷这棵参天大树的主干，为中国陶瓷的发展奠定了坚实基础。

图 3.20　耀州窑青瓷注子（美国克利夫兰美术馆藏）　图 3.21　龙泉窑青瓷凤耳瓶（日本和泉市久保惣纪念馆藏）　图 3.22　高丽窑青瓷带托茶盏（韩国国立中央博物馆藏）

## 第二节　越窑典型器赏析

法门寺八棱净水瓶是越窑的代表器，它的出现解开了秘色瓷之谜。通常，从字面理解"秘色"是神秘、神奇之色，那秘色瓷就是神秘之瓷或神奇之瓷。秘色瓷多在古人的诗文中出现，并没有被确切地记录或描述。因此，很长一段时间，关于"秘色瓷是什么"在陶瓷界存在很大争议。主要有三种观点：第一种观点依据宋人周辉《清波杂志》的记载"越上秘色器，钱氏有国日供奉之物，不得臣下用，故曰秘色"，认为秘色瓷是吴越钱氏王朝供奉中原朝廷的贡瓷。第二种观点将秘色的"色"解释为等级、种类的意思，认为秘色瓷即为秘密种类或是最高等级的瓷器。第三种观点依据唐人陆龟蒙《秘色越器》诗云"九秋风露越窑开，夺得千峰翠色来"，认为秘色是一种青绿颜色，秘色瓷是产自越窑的一种青绿色瓷器。然而，众说纷纭，缺乏考古实物出土。秘色瓷是否真实存在？如果存在，它的窑址在哪里？这些谜团一直困扰着陶瓷考古界。

## 法门寺

法门寺建于东汉，原名阿育王寺，唐初改名为法门寺，成为皇家寺院。相传，法门寺塔因藏有释迦牟尼的一节手指骨舍利而得名。据佛经记载，印度历史上名声显赫

视频3.7

的阿育王将释迦牟尼的舍利分成了八万四千份分送到世界各地，并且为供奉舍利，在这些地方建造了八万四千座舍利塔，其中中国有19座，法门寺塔就是其中之一。从东汉之后到明代隆庆二年（公元1568年），一千多年的风风雨雨和刀光剑影中，法门寺先后经历了四次大规模的致命洗劫，宝塔和寺院屡屡变成废墟，1987年地震时垮掉的塔身为明代重建的。

1987年陕西西安附近的扶风县周边发生了地震，再加上连日的暴雨使扶风县的法门寺舍利塔从中间垮塌掉了一半，到处都是残垣断壁。考古人员通过勘测周围地形和舍利塔损毁情况，准备原址拆掉重建。一个包括考古人员在内的技术队在清理塔基时，发现一处唐代塔基遗址和一处明代塔基遗址，在清理到唐代塔基浮土之时，发现一块白玉石板，拿开石板后一个地宫映入眼帘。考古队员异常兴奋，再进一步挖掘，与各种金银宝物一同出土的还有两块石碑，其中一块是物账碑，就是供奉释迦牟尼舍利时皇帝所赏赐宝物的账目，时间是唐代晚期公元874年。物账碑清晰记载着：瓷秘色碗七口，瓷秘色盘子、碟子共六枚。考古人员兴奋不已，几百年间关于秘色瓷的种种传说即将被揭晓。在地宫的汉白玉灵帐的后方一个由丝绸包裹着的木质圆盒被挖掘出来，经年累月，木盒和丝绸已经腐朽，在其下方露出了一叠细腻精致的淡粉绿色瓷器，这些碗、盘子、碟子的数量，不多不少正好13件，与物账碑所记载刚好吻合。

这些秘色瓷碗、盘和碟造型规整，器型精致，口沿有圆口和花瓣形口，釉色青绿，如湖水般，内底光洁，莹润如玉，仿佛总有半碗清水盛于碗底，"功剜明月染春水，轻旋薄冰盛绿云"，与诗中描述无二。因此，秘色瓷确实存在，它是一种制作精良的青瓷。

解答了什么是秘色瓷，紧接着又产生了新的谜团：秘色瓷的产地在哪里？是产自吴越国，还是其他什么地方？考古工作进入尾声，在法门寺地宫内连接前室

与中室的甬道中，考古人员发现了一只八棱瓶，高 21.5 厘米、最大腹径 11 厘米、口径 2.2 厘米、颈高 11 厘米（图 3.23）。造型优雅，端庄规整，瓶颈细长，直口，圆唇，肩部圆隆，腹呈八瓣瓜棱形，圈足稍外撇，在瓶颈与瓶身相接处装饰有三圈八角凸棱纹，呈阶梯状。釉色晶莹，通体施明亮青釉，釉层有开片。足底露胎，胎质细密，胎色浅灰。在出土时，瓶口覆有一颗大宝珠，瓶内装有 29 颗五色宝珠，属佛教宝物，旨在为供奉者消除烦恼、去除尘垢。虽然这只八棱瓶未被记载在物账碑中，但通过与另外 13 件秘色瓷比对，

图 3.23　越窑八棱净水瓶（法门寺博物馆藏）

无论从质地、釉色还是从支烧痕迹判断，它们同出一炉，均是秘色瓷。更为神奇的是，浙江上林湖越窑遗址中出土的八棱净水瓶与这件惊人地相似，属同一种！

　　这些考古发现证实秘色瓷的产地在浙江余姚上林湖畔，并明确秘色瓷就是越窑烧造的。基于此，古陶瓷研究者基本达成共识：秘色瓷是对唐、五代、宋时期越窑生产的高品质青瓷的统称。

　　进一步的考古发现，精美的秘色瓷在原料选择和制作工艺上与一般的越窑青瓷是有显著区别的。秘色瓷的泥料、釉料更为细腻，造型更加精致，胎体致密纤巧，釉色晶莹沉静。为了获得这种纯净的釉色，秘色瓷的装烧方式也极为特别，用釉涂抹在匣钵口，密闭的环境使秘色瓷的烧制温度更高，但烧成后要打破匣钵才能取出成瓷的方式无疑大大增加了成本。极其珍贵的秘色瓷成为被人们赞叹和讴歌的对象，秘色瓷八棱净水瓶现被珍藏在它的出土地——位于陕西省宝鸡市扶风县的法门寺博物馆，并成为现代浙江越窑复烧秘色瓷的标杆。历史总是在不经意间给我们答案，谁能想到，一件不被记录、被神秘放置在地宫中的八棱净水瓶竟然成为指明秘色瓷确实存在并产自越窑的关键证据呢。

**秘色瓷烧制关键——匣钵口沿施封口釉**

知识
拓展
**3.8**

通过对上林湖越窑遗址的进一步考古发掘，发现越窑工匠发明了在匣钵口沿施封口釉的技术。这样，器物便在密闭的状态中烧成，有效地避免在焙烧后期阶段的二次氧化变黄问题，因而才能获得纯正的青色。由于这种装烧方法既费工费时，又在开匣取物时易损坏制成品，而且使用过的匣钵不能重复利用，成本过高，所以只在烧造优质青瓷时使用，而在大宗商品瓷的生产中没有得到推广，五代晚期至北宋时逐渐被粗制匣钵所取代。

视频 3.8

# 第三节 咏越窑诗文

中国诗歌绵延数千年，光辉灿烂，名家辈出，成就卓著。夏商以来的饮酒之风和隋唐以来的饮茶之风催生了内容丰富的酒文化和茶文化。诗言志，文人在饮酒、品茶时激情豪迈、荡气婉转的诗文自然少不了对酒具、茶具的赞颂。越窑作为中国较早的优质青瓷窑口，其产品，特别是秘色瓷更成为诗人抒情的对象，它那一抹迷人的青翠成为无数诗人的精神家园。

## 一、《秘色越器》

秘色越器

陆龟蒙

九秋风露越窑开，夺得千峰翠色来。

好向中宵盛沆瀣，共嵇中散斗遗杯。

（选自清康熙《全唐诗》卷六二九）

作者陆龟蒙，是唐代文学家，字鲁望，自号江湖散人、甫里先生，又号天随子，姑苏（今江苏苏州）人。唐朝晚期，统治者横征暴敛、宦官专权、藩镇割据，天灾人祸不断。陆龟蒙怀才不遇、饱受压抑，满怀忧郁避世南方。当他第一次见到精美绝伦的越窑秘色瓷时，难以抑制自己的情感，遂借物咏怀胸中义愤。

在《秘色越器》诗中，前两句"九秋风露越窑开，夺得千峰翠色来"，是诗人看越窑开窑时的壮观景象而发出的感慨，一个"夺"字可谓神来之笔，将秘色瓷的釉色之美与自然界的"千峰翠色"等同。后两句"好向中宵盛沆瀣，共嵇中散斗遗杯"是诗人由此及彼，由这越窑之杯联想到东晋名士嵇康所用之杯，表达了对嵇康的崇敬，并将嵇康视为知音。从诗中不难看出，诗人是个陶瓷行家，他观察到秋高气爽之时，越窑容易出精品。因为秋天南方气候干燥、气压高，陶瓷坯体更容易干燥，窑炉更容易充分升温。诗人在生活中郁郁无奈，东晋名士嵇康只能和他神交，唯有越窑秘色瓷的千峰翠色可以抚慰他的心灵。借着诗人的感怀，《秘色越器》也使"秘色"第一次出现在中国的历史文献记载中。

## 二、《贡馀秘色茶盏》

贡馀秘色茶盏

徐夤

捩翠融青瑞色新，陶成先得贡吾君。

功剜明月染春水，轻旋薄冰盛绿云。

古镜破苔当席上，嫩荷涵露别江濆。

中山竹叶醅初发，多病那堪中十分。

（选自彭定求等：《全唐诗》卷七一）

作者徐夤（徐寅），唐末五代文学家，字昭梦，莆田（今属福建）人。乾宁进士，授秘书省正字。后唐时去官归隐，善写咏物诗。

《贡馀秘色茶盏》表达了诗人对秘色茶盏的赞美和爱不释手。前两句"捩翠融青瑞色新，陶成先得贡吾君"，描述了秘色瓷是把"翠"和"青"两种颜色糅在一起的具有祥瑞之色的进贡给皇帝的瓷器，点出秘色瓷的贡瓷血统。第三、四句"功剜明月染春水，轻旋薄冰盛绿云"，形象地刻画了秘色茶盏"类冰似玉"

的特征，营造出茶盏莹泽、滋润、通透、轻薄、明亮、精巧、规整等无法用语言形容的美妙釉色和纤巧造型。第五、六句"古镜破苔当席上，嫩荷涵露别江濆"，诗人比喻秘色茶盏仿佛是一枚透着光亮的幽陈古镜，又似一片刚从江边采摘带着露珠的嫩荷叶，进一步从色泽、形状、亮度等角度来抒写秘色瓷"无中生水"的特征。最后两句"中山竹叶醅初发，多病那堪中十分"，诗人借中山酒"一醉千日"的典故，用病躯饮美酒、沉醉其中久久不愿醒来，来表达对秘色茶盏的沉醉和欣赏。整首诗紧紧围绕对秘色瓷茶盏的赞美，逐层推进，形象生动，把秘色瓷的美推到了极致。

思考题

1.越窑生产青瓷有几个历史阶段？它们分别有什么特点？

2.结合咏越窑的诗文，尝试将描述越窑青瓷造型和釉色的词句摘录下来，并分析它们是怎样表达出青瓷之美的。

第四章

# 精比琢玉耀州窑

青

瓷

赏

析

耀州窑是北方最具影响力的民窑窑口之一。它以青瓷最具特色，因其中心位于陕西铜川的黄堡镇，在五代至清朝时期，铜川都隶属耀州管辖，故称耀州窑。如果说越窑是中国陶瓷这棵大树的主干，那么耀州窑就是伸向北方的比较粗壮的支干。在学习越窑青瓷生产技术的同时，耀州窑逐渐形成造型多样、纹饰丰富、构图饱满、手法新颖、工艺精湛的青瓷特色（图4.1），是北方青瓷装饰界的翘楚。

图 4.1　耀州窑凤凰纹刻花提梁壶（美国大都会博物馆藏）

## 我国存世最早的窑神碑——德应侯碑

　　窑神，在中国民间信仰中是主宰砖瓦窑的神灵。德应侯碑是我国存世最早的窑神碑，其用文学手法详细记述了北宋熙宁年间，耀州太守阎公奏封黄堡的窑神为德应侯一事。碑文还详细地记载了耀州窑的烧造盛况、发展历史、

视频 4.1

制瓷烧成的工艺技术以及黄堡镇的自然环境、居民的从业结构、陶业的生产方式、生产关系等方面的内容，是一件研究耀州窑和中国陶瓷史的不可多得的石刻资料，具有很强的学术研究价值和艺术价值。

# 第一节　耀州窑历史概述

耀州地区的陶器烧造历史比较久远，新石器时代耀州地区已经出现陶器的烧造，秦汉时耀州地区属京畿之地，集聚了当时优质的制陶资源和技术人才，制陶产业发达。但有关耀州窑的史料典籍较少，唯有立于北宋的德应侯碑（图 4.2）赞美耀州窑青瓷"巧如范金，精比琢玉"。

从唐代晚期到元代之前的四百多年时间里，耀州窑青瓷烧造大致经历了唐代的创烧期、五代的成熟期、北宋的鼎盛期和金代的衰落期四个阶段。

图 4.2　德应侯碑拓片

**慧眼识珠——德应侯碑的发现**

知识拓展 4.2

20 世纪 50 年代初，中国古陶瓷界的两位大家——陈万里先生和冯先铭先生，到耀县（今陕西铜川耀州区）黄堡镇调查耀州窑遗址时，打听到路边的一所小学曾是窑神庙的故址，就在学校厨房前面的空地上发现这块碑，当时作为学校师生吃饭的石桌，上面还横七竖八地摆放着碗碟。两位专家弯下腰仔细查看，碑首"德应侯碑"四个苍劲的楷书大字像四盏尘封已久的明灯，在两位专家的眼前重新绽放出光彩。我国存世最早的一块窑神碑，就这么奇迹般地被发现了。

视频 4.2

## 一、创烧期

铜川位于陕北黄土高原南部，漆水河自东北往西南流至黄堡，此地陶瓷原材料充足，不但蕴藏丰富的高岭石、长石等瓷石，而且还有制釉的青石，优质煤炭资源也异常丰富。唐代前期，耀州窑在学习越窑、邢窑等窑场的基础上探索性地烧制出黑瓷、白瓷、青瓷等品种。唐代晚期，耀州窑继续向越窑学习青瓷技艺，提高胎体轻薄度，改良釉的配方，开始采用化妆土进行坯体美化（图 4.3），同时提升烧制技术，增强青瓷的玻璃

图 4.3　白釉绿彩净瓶（耀州窑博物馆藏）

质感和透明度，使其成为耀州窑的主打产品。这个时期器物种类多样，以生活用器如碗、盘、钵等为主要类型。青釉呈灰绿、灰青或青中显灰色，釉质透明度高。装饰纹样种类丰富，有花卉植物纹、动物纹、云纹等类型。

**知识拓展 4.3**

**化妆土**

化妆土是涂抹在坯体之上的一层细腻、纯净的泥浆，用来遮盖泥质不佳的陶瓷坯体，施釉之后更显莹润，在增加陶瓷坯体美观性方面作用很大。就像女孩子会用粉底液来遮盖皮肤的瑕疵一样，陶瓷化妆土也是美化坯体用的，用浅色泥浆遮盖坯体的黑灰色和杂质，使釉色烧出来更具美感。

视频 4.3

## 二、成熟期

唐朝灭亡之后，战争不断、政权更迭频繁，在中原地区相继出现了定都于开封和洛阳的后梁、后唐、后晋、后汉和后周，史称"五代"。耀州窑所处的关中渭北地区相对中原地区较为安定，耀州窑作为北方政权管辖的唯一青瓷窑口得以继续发展。五代时期，耀州窑从原料制备、产品成型到装饰以及装烧工艺都逐步进入发展成熟时期。金银器的器物造型被引入借鉴，器物类型多样，有茶具（图4.4）、餐具（图4.5）、酒具（图4.6）等。青瓷釉色有天青、青色、绿、粉青、青绿等几种颜色，呈色稳定，釉质也得到了明显的改善。青瓷装饰技法十分丰富，划花、雕花、印花等技艺娴熟，造型别致，引人入胜。这一时期的窑址中出土了刻"官"字款（图4.7）和龙凤纹饰的青瓷片，说明耀州窑产品精美，受官府青睐并烧造贡瓷。

左图 4.4　天青釉杯及托（耀州窑博物馆藏）

右图 4.5　天青釉五瓣花口碗（耀州窑博物馆藏）

左图 4.6 天青釉剔花牡丹纹执壶（耀州窑博物馆藏）

右图 4.7 天青釉"官"字款碗底残片（耀州窑博物馆藏）

## 划花、雕花、印花

**知识拓展 4.4**

划花、雕花、印花是不同的陶瓷坯体装饰技法。

划花，是使用竹质、木质或铁质的工具在半干的坯体上直接划出花纹，可以是线也可以是面，很多窑口都在使用。

视频 4.4

雕花，借鉴了汉唐石雕艺术中的"减地法"，用刀具先在坯体表面划出纹样轮廓，之后将多余部分剔除，使得花纹部分凸起，呈现浮雕效果，为五代时耀州窑的首创。

印花，是趁坯体还湿时用模具把花纹印到坯体上，原始社会的印纹陶采用的就是这种方法。

## 三、鼎盛期

北宋结束了五代十国的分裂局面，政局稳定、经济繁荣，为耀州窑的鼎盛创造了稳定的政治经济环境。北宋时期，耀州窑生产规模继续扩大，青瓷装饰手法和烧造质量都达到空前水平，深受消费者的喜爱和追捧，一部分产品用于广大人民的日常生活，另一部分或出口海外，或进贡朝廷。青瓷器型种类繁多，有酒具、茶具、餐具、灯具以及化妆用具、鸟食具、药具和玩具等，几乎涵盖日常生活用具的方方面面。橄榄绿釉色成为主流（图 4.8），呈色稳定，玻璃质感强，胎釉结合好。在纹样方面，题材亦十分丰富，不仅包括植物纹（图 4.9）、动物纹（图 4.10）、人物纹（图 4.11），还包括宗教故事（图 4.12）、历史故事（图 4.13）等。模具印花瓷器成型以轮制拉坯为主，并出现耀州印花技术（图 4.14），使装饰繁复华丽纹样的产品大批量生产成为可能，满足市场需求，畅销海内外。

图 4.8　耀州窑刻花凤穿花纹瓷枕（日本静嘉堂文　　图 4.9　青釉刻花莲纹碗（耀州窑博物馆藏）
库美术馆藏）

图 4.10　青釉刻花水波游　图 4.11　青釉印花婴　图 4.12　印花飞天纹　图 4.13　青釉印花摩羯
鸭纹碗（故宫博物院藏）　戏莲纹碗（耀州窑博　碗（耀州窑博物馆藏）　纹碗（耀州窑博物馆藏）
　　　　　　　　　　　　物馆藏）

图 4.14　青釉印花缠枝菊纹盏及内范（耀州窑博物馆藏）

## 印花技术

印花技术是使用刻有纹样的范具在坯胎上印出花纹的一种装饰手法。操作步骤为：

视频 4.5

第一步，制作印花范具，用瓷土坯料刻出有花纹的印花范具，晾干并入窑素烧成型。

第二步，手工拉制坯体，在拉坯车上轮制出与印花内范大小和造型相似的圆形坯体。

第三步，印花定型，将微干的坯体倒扣在印花范具上，用手掌或有弹性的小木拍沿四周轻轻拍打，使两者造型和纹样一致。

第四步，修坯，取下印有花纹的坯体，修整外壁并挖出底足。

印花技术使得批量化生产同一规格、同一花色、同一纹饰图案的产品成为可能，极大地提高了陶瓷生产率。

## 四、衰落期

金人南侵，北方地区部分熟练窑工逃亡、南迁，导致北方瓷业出现了衰落。不久虽又恢复烧造，但产品开始粗劣，采用叠烧工艺烧制出的粗瓷多用于满足人们的基本生活需求，同时因战争频发和商路断绝，瓷器市场大大缩小，已失去发展的势头。金代耀州窑虽承袭宋代工艺，但无论是胎釉的精细度还是成型技法与装烧方式都由精致转向粗放。釉色以翠青和豆青为主（图 4.15），胎体较为厚重，装饰手法以印花为主（图 4.16）、刻花为辅，装饰纹样以动物纹和人物纹为主，鹿纹极具特色（图 4.17）。元朝的统治者"以白为吉"，在瓷器的审美偏好上更倾向于白底蓝花的青花瓷（图 4.18），于是耀州窑的青瓷失去了以往受皇族青睐的优势，具有宋代特征的青瓷便渐渐退出了历史舞台。

图 4.15 青釉刻花
莲花纹螭耳瓶（故
宫博物院藏）

图 4.16 青釉印花莲纹八
方盘（耀州窑博物馆藏）

图 4.17 青瓷刻花卧鹿纹碗
（耀州窑博物馆藏）

图 4.18 元青花萧何
月下追韩信（南京博
物馆藏）

### 叠烧工艺

知识
拓展
4.6

叠烧是为了增加陶瓷产量、缩减烧制成本的一种装烧方式，多用于碗、盘等日用器皿的烧制。具体方法为：在本来装一只碗的匣钵里摞叠多只，因釉在烧成后有黏性，为避免烧好之后碗与碗之间相互粘连，故将碗的内底与上层碗足接触的部分刮去一圈釉面以露出底胎。使用叠烧工艺的碗、盘会在器物内壁留下一圈涩胎，因此也被称作"砂圈叠烧法"。因为该工艺产量高、成本低，很多民窑都在使用这种装烧方式，直到现在仍有地方在使用。

视频 4.6

耀州窑从唐代发轫到北宋，以其高品质和多样化的品种类型、装饰纹样，独特的刀法与印花技艺达到青瓷装饰史的鼎盛时期。一个影响广泛的历史名窑以自身的魅力独树于世界陶瓷名窑之林。耀州青瓷是中国北方青瓷的杰出代表，并成为影响广大而深远的耀州窑系，对河南汝州（图 4.19）、广州西村（图 4.20）、广西永福等地窑口的青瓷产生了深远影响。

左图 4.19　青釉印花碗
（宝丰汝窑博物馆藏）

右图 4.20　西村窑青釉
凤首壶（上海博物馆藏）

## 第二节　耀州窑典型器赏析

提到倒装壶，很多人并不陌生，大壶可供我们在炎热夏季晾凉开水，小壶可用于泡茶或者盛酒，方便又实用。耀州窑最具代表性的器物为宋代青釉剔花牡丹纹倒装壶（图 4.21）。

图 4.21　青釉剔花牡丹纹倒装壶（陕西历史博物馆藏）

这件倒装壶来历极为传奇。1981 年秋，任教于陕西省西北大学的高立勋老师回距离铜川两百多公里的彬县（现陕西咸阳彬州市）老家，他在姐姐家的柜子上看到一件造型十分奇特的青色壶状瓷器。学考古的他当时就眼前一亮，发现这是一件制作工艺精美的青瓷，造型、结构极为独特美观，器型却从来没有见过。经过询问得知这是姐夫在县城残存的东城墙边取土时挖出来的，看着像个茶壶就随手拿回了家。起初让孩子们拿着玩，后来就清洗干净放在桌子上当了摆设，一次听说县城有人收古董，就拿着这个青瓷壶让古董贩子看，人家看后说就是一般的瓷器不值什么钱。但高老师认为这件器物应该很珍贵，遂将这个"泥壶壶"拿回西安。随后他查阅了包括日本、韩国以及中国香港、中国台湾等相关国家和地区的陶瓷图录，均未发现与这件瓷壶一样造型和结构的器物。高立勋老师并未放弃探究，与著名考古学家石兴邦老师一同考证，认为该器物应是耀州窑五代至宋代时期生产的青釉瓷器，是耀州窑瓷器中的绝品、孤品。得知消息后，姐姐一家也将这件青瓷壶捐献给了当时的陕西省博物馆（现陕西历史博物馆）。至此，这件由彬县农民从城墙根处挖出并捐给国家的耀瓷瑰宝"倒灌瓷壶"进入了公众的视野，为悠久璀璨的耀州陶瓷史增添了一段动人佳话。

### "三王壶"的来历

知识拓展 4.7

倒装壶壶嘴前部的装饰十分独特，由一大一小两只母子狮组成。母狮前肢趴地，后肢躺卧，引颈抬头，大张的嘴巴似乎处于高度戒备状态，随时准备迎击来犯的敌人，以保护膝下幼崽。而幼狮则悠闲地伏在母狮怀中吃奶，无忧无虑，憨态可掬。母狮的凶悍，幼狮的乖巧，母子情深，在陶瓷工匠的手中被刻画得惟妙惟肖。在整体装饰上，壶嘴为狮子——兽中之王，壶把为凤——鸟中之王，壶腹纹样为牡丹——花中之王，当地百姓也亲切地称它为"三王壶"。该壶构思巧妙、匠心独具，为宫廷烧造无疑。

视频 4.7

这件青釉倒装壶釉色纯净，集捏塑、刻花和印花等多种工艺于一身，是一件难得的珍品。壶通高 19 厘米，腹径 14.3 厘米，底径 7.5 厘米，腹深 12 厘米。与常见的瓷壶不同，其壶身为一整体，壶盖和壶口连在一起，壶把以凤作为装饰纹样，造型奇特，制作精良，很可能就是北宋时期的宫廷用品。瓷壶色泽如玉，刻画的线条优美流畅，处处显出宋代瓷器潇洒飘逸的神韵。

### 装饰纹样的寓意

**知识
拓展
4.8**

中国传统文化博大精深，装饰纹样具有寓意之美。以倒装壶为例，壶身整体呈圆形，从上到下装饰繁缛，最上面是双层的柿蒂纽盖，寓意"事事如意"；圆鼓鼓的壶腹上雕刻着缠枝牡丹纹，饱满圆润，象征着富贵吉祥、绵绵无尽；壶下部是一圈仰开的莲瓣，比喻稳坐高台；壶盖部分与提梁衔接，提梁为凤形，凤首高高扬起，凤冠迎风飘逸，作展翅欲飞状，立于壶顶正中，象征兴旺腾飞。

视频 4.8

据中国著名的耀州窑古陶瓷专家禚振西老师介绍，倒装壶的名称，经历了倒灌瓷壶、倒注壶、倒流壶等多种叫法。目前学术界较为认可的叫法为倒装壶，它是一件酒器。其内部结构如图 4.22 所示。

青釉剔花牡丹纹倒装壶作为耀州窑的标志性器物，因其独一无二的造型、奇巧神妙的构思、精美细致的纹饰而深受大众的喜爱，其复制品被人们大量购买，用于馈赠亲朋和收藏，甚至作为国礼赠送给多个国家和地区的领导人与外宾，成为传播中国历史文化、光大耀州窑文化的使者。

图 4.22　倒装壶内部结构示意图

### 倒装壶的工作原理

**知识
拓展
4.9**

为什么壶身注满酒放正时酒不会洒出来呢？原来倒装壶倒着装酒而不洒的秘密，就在于其壶内有一根注水管和壶底的梅花口相连接，通向壶腹内，壶流内部也有一根导管，这样壶流至壶底处为双层，酒水从壶底注入，

视频 4.9

只要不超过注水管端部，即使将壶翻过来，根据液面等高原理，液面低于导管的口，壶内的液体也不会从底部漏出，将壶倾斜，液体就通过壶流处连接的导管正常倒出来了。

# 第三节　咏耀州窑诗文

耀州窑青瓷以富丽堂皇的花纹装饰见长，纹样雍容华贵、丰富多变，型式优美、寓意吉祥，器物造型典雅敦厚，釉色沉稳大气，青中泛黄，呈橄榄青色，玻璃质感强，具有独特的艺术美感和人文内涵。关于耀州窑的诗文不多，对耀州窑描述最精彩的当属《德应侯碑》碑文，特节选其中两段进行赏析。

## 一、《德应侯碑》碑文（节选1）

《德应侯碑》碑文（节选1）

张隆

巧如范金，精比琢玉。始合土为坯，转轮就制，方圆大小，皆中规矩。然后纳诸窑，灼以火，烈焰中发，青烟外飞，煅炼累日，赫然乃成。击其声，铿铿如也；视其色，温温如也。

（选自张岩：《〈德应侯碑〉探微》，《碑林集刊》1994年第108页）

德应侯碑立于北宋元丰七年（公元1084年），由陕西的张隆撰文。碑文详细记述了耀州太守阎公奏请天子封山神为德应侯一事。古人在采取陶土、烧造瓷器时，都要供奉山神来保佑平安顺利，久而久之，山神就变成了窑神。碑文除了详述为窑神封侯立碑，还详述了耀州窑的发展史，以及制瓷、烧成的工艺，黄堡镇的自然环境，居民的从业结构、生产关系等内容，是研究耀州窑和中国陶瓷史的重要学术资料。所选碑文前两句"巧如范金，精比琢玉"，描写了耀州窑器物的特征，像金器一样纤巧，比玉器还要精美。接着四句"始合土为坯，转轮就制，方圆大小，皆中规矩"，描述了耀州窑器物的坯体制作环节，制坯所用泥料是由两种或两种以上泥料掺和而成，耀州窑窑工已经熟练掌握拉坯技术，能够制作规整的器型。接着六句"然后纳诸窑，灼以火，烈焰中发，青烟外飞，煅炼累日，赫然乃成"，描述了耀州窑的烧制环节，先装窑，然后点火，让火焰充满整个窑室，青色的烟从窑中冒出，要好几天都保持这种状态才能烧制出成瓷。最后四句"击其声，铿铿如也；视其色，温温如也"，描写了耀州窑青瓷成瓷之后的声音和色泽，即敲击时声音清脆响亮，釉色温润如玉。节选碑文较为翔实地描述了耀州窑青瓷的制作过程和成瓷特点，行文优美，是我们了解宋代耀州窑的一面镜子。

## 二、《德应侯碑》碑文（节选2）

**《德应侯碑》碑文（节选2）**

张隆

至有绝大火，启其窑而观之，往往清水盈匀，昆虫动活，皆莫究其所来，必曰神之化也。

（选自张岩：《〈德应侯碑〉探微》，《碑林集刊》1994年第108页）

耀州窑器物以坯体装饰见长，通过雕花、剔花、刻花、划花、贴花、印花等工艺呈现出精彩的牡丹、菊花、莲花、葡萄、石榴等植物纹，鱼、鸭、鹅、鹤等动物纹，节选碑文正是表达了对耀州窑器物坯体装饰的赞扬。前两句"至有绝大火，启其窑而观之"是讲烧窑的火都熄灭后，打开窑门观看。紧接两句"往往清水盈匀，昆虫动活"是用比喻的手法描述开窑后耀州窑器物的釉色和纹饰，即像有一汪清水一样的釉色和活灵活现的纹饰，仿佛草虫都活了一样。最后两句"皆莫究其所来，必曰神之化也"，则用夸张的修辞手法赞叹耀州窑器物不知为何会这么精美，一定是神明幻化而来，从而将耀州窑青瓷之美推向新的制高点。

思考题

1. 耀州窑生产青瓷有几个历史阶段？它们分别有什么特点？
2. 结合耀州窑衰落的原因，想一想战争对青瓷发展的影响。

第五章

雨过天青话汝窑

青

瓷

赏

析

汝窑是汝州境内窑口的统称，汝州（今河南省汝州市）早在宋代就形成了"汝河两岸百里景观，处处炉火连天"的繁荣景象，窑以地命名，故名汝窑。汝瓷因存世量少，价格极高，收藏界素有"青瓷收藏，汝窑为魁"的说法。汝窑有两个组成部分：一是为民间烧制商品瓷的窑口，多称为"临汝窑"（图 5.1），其所制瓷器与耀州窑风格类似；二是专为宫廷烧制御用瓷的窑口，多称为"汝官窑"（图 5.2），其所制瓷器光素无纹。经常被文人赞颂、被收藏界热捧的汝窑是指汝官窑。

图 5.1　青釉刻花牡丹纹碗（宝丰汝窑博物馆藏）　图 5.2　汝窑青瓷水仙盆（台北故宫博物院藏）

**汝瓷拍卖价格**

2012 年 4 月，在香港苏富比春拍上，北宋汝窑葵口笔洗以 2.0786 亿港元成交；2016 年春，北宋汝窑兽面五足洗以 1.127 亿港元成交；2017 年 10 月，在香港苏富比秋拍上，北宋汝窑天青釉洗最终以 2.94 亿港元成交；2023 年 9 月，在中信国际秋拍上，宋天青汝窑洗拍出近 3 亿人民币，是迄今为止，宋汝窑瓷拍卖最高价。

视频 5.1

# 第一节　汝窑历史概述

汝窑的烧造史是从北宋早期到元朝的 400 多年时间，大致经历了北宋早期的创烧期、北宋中期的发展期、北宋晚期的鼎盛期、金代至元代的衰落期四个阶段，其中汝官窑只存续在北宋中晚期的 20 年间。

## 一、创烧期

北宋的建立结束了五代十国的分裂局面，国家的统一为经济发展、人民安居乐业提供了基础。在北宋早期，汝窑工匠学习了北方耀州窑（图5.3）和南方越窑（图5.4）的制瓷工艺，更借鉴了他们的造型和装饰手法。其产品多为日用的碗、盘之类，造型单调，胎体粗疏；在装饰上，多数器物为素面，少数刻有简单的花卉纹饰，或在外壁刻以简单的线条纹；在烧制上，还原焰焙烧技术掌握得不是很熟练，釉色不稳定。

左图5.3　耀州窑双凤首注子（法国吉美国立亚洲艺术博物馆藏）

右图5.4　越窑秘色瓷莲花碗（苏州博物馆藏）

## 二、发展期

汝窑青瓷经过不断发展，在北宋中期逐渐成熟。在该时期，宝丰汝窑一枝独秀，因工艺精湛、釉色独特，开始受到宫廷重视。器物种类明显增多，碗、盘仍是主要器物，钵、碟、盒等开始流行。胎体坚硬致密、细腻光滑、吸水率低，颜色有深灰、灰白、灰紫、灰褐等多种。釉色匀净、釉层增厚、施釉均匀、片纹密布，部分器物出现豆绿釉。汝窑青瓷更加注重装饰，装饰手法有模印、刻花、捏塑等，刻花工艺娴熟，临汝、宜阳、新安、宝丰等许多地区皆烧制出十分成熟的产品。印花工艺不断进步，表现出强劲的生命力，逐渐取代了刻花青瓷的主导地位，形成了独特的汝窑青瓷印花特色。器物装饰设计合理，制作规整，增加了审美情趣和适用性。器物的内壁采用分区装饰（图5.5），分成均等的几份，在每份上饰以折枝花卉图案，纹饰主要有团菊、折枝菊花、缠枝菊花、折枝牡丹等。这个时期的汝窑青瓷在造型、纹饰、工艺等方面都已经十分成熟，设计精巧、纹饰精美、工艺讲究。

图 5.5　汝窑分区装饰纹样瓷片（宝丰汝窑博物馆藏）

## 三、鼎盛期

经济发展、社会安定，汝窑在北宋晚期迎来了鼎盛期。其具体表现为两点：

第一，临汝窑青瓷工艺精湛，产品优良，种类繁多。瓷胎选料严格，胎质细腻紧密，胎体制作规整。装饰手法极为丰富，印花工艺技术精良、图案清晰、广为流传。采用刻划花、印花、捏塑相配合的形式，把极富生活情趣的动态画面融入汝窑青瓷的制作之中。装饰图案也改变了模印单一花卉的单调构图，将花卉与景色相结合，令人耳目一新，情趣横生。

第二，汝官窑开始出现，在临汝窑的基础上不断改进技术，不惜工本，烧造出后世无法超越的经典。灰色是主要胎色，有深灰、香灰、浅灰等。釉色纯正，色泽光亮，温润晶莹，釉层厚而均匀，釉面布满细密的片纹。临汝窑是汝瓷市场的推动者，满足民众的日常生活需要，而汝官窑反映统治者的思想意识，为国家祭祀典礼和皇家生活服务。

**临汝窑与汝官窑的关系**

临汝窑与汝官窑的关系可以概括为以下三点：

视频 5.2

第一，民窑与贡窑的关系。临汝窑是宋代汝窑的主体部分，为民间烧制瓷器。汝官窑是宋代汝窑的核心部分，后期专为宫廷烧造御用青瓷器。

第二，临汝窑的烧造历史早于汝官窑。在汝官窑青瓷创烧之前，临汝窑青瓷已经达到了较高的水平。

第三，临汝窑的烧造技术对汝官窑成功烧制宫廷用瓷产生一定影响，汝官窑的制作工艺对临汝窑也会起到辐射带动作用。

> 知识
> 拓展
> **5.2**

北宋初期宫廷多用定州白瓷（图5.6），从徽宗开始因其"有芒"而弃用，因宝丰所产青瓷器型精致、釉色趋于天青，遂命汝州造青瓷器。前期将汝州各窑口优秀工匠调集到宝丰清凉寺，设立窑口烧制官窑器物，后期搬迁至汝州城区设立北宋官窑。汝官窑青瓷釉色纯正，温润晶莹，釉层厚而均匀，釉面布满细密的片纹，温润如玉，美丽异常，是陶瓷界当之无愧的明珠。

图5.6　定窑白釉"官"款蝉纹盘
（定州市博物馆藏）

（一）宝丰清凉寺窑

宝丰清凉寺汝窑坐落于河南省宝丰县，自五代以来隶属汝州。清凉寺汝窑瓷造型简练，釉色以天青色最具代表，这种灰蓝绿色调中闪着紫韵的色彩是越窑瓷、耀州窑瓷都罕有的。汝窑瓷为什么是天青色的呢？传说和宋徽宗的梦有关。一天，徽宗梦见雨过天晴，天空远处是那被雨水洗涤过的纯净颜色，正是他想要的颜色，就让官员督造，官员不知那是什么颜色，毕竟他也没到过徽宗的梦里，徽宗说："雨过天青云破处，这般颜色作将来"，经过汝窑工匠无数次尝试，于是便有了汝窑天青色釉。

## "半生烧"烧成工艺

越窑、耀州窑和临汝窑青釉具有通透的玻璃质感，但宋徽宗偏爱温润如玉的釉色。为达到更好的乳浊效果，汝窑工匠在烧窑过程中，刻意降低烧成温度，使釉面不至于因温度高而透亮，呈现出含蓄的润泽感。这种含蓄内敛的气质具有独特魅力，符合宋朝贵族和文人清淡含蓄的审美。但这种生烧温度的烧成范围极窄，烧成难度很大。

视频 5.3

知识
拓展
5.3

由临汝窑选出最优秀的陶工，严格按照"澄泥为范"的规范形制，选用昂贵的玛瑙石作为釉料，因釉色的烧成温度范围极窄，创造出"半生烧"烧成工艺，不厌其烦地选用改良的小窑进行烧制，皇家为了追求高质量的艺术享受，不惜耗费大量的人力与物力，终得美器。清凉寺汝窑瓷的颜色有天青、粉青、卵青等，以玛瑙入釉，晶莹如凝脂，釉层表面有细小的开片，釉中有稀疏气泡，满釉裹足，胎质细密，呈香灰色，底、足部有细如芝麻粒大小的支钉痕，通常用釉色装饰，偶尔有刻花，题材多为莲花纹。整体风格秀美古朴，种类丰富，既有陈设品，如熏炉（图 5.7）、尊（图 5.8）等，又有生活用品，如盘（图 5.9）、杯托（图 5.10）、碗（图 5.11）等。

左图 5.7　汝窑鸳鸯出香（宝丰汝窑博物馆藏）

右图 5.8　汝窑大青釉弦纹三足尊（故宫博物院藏）

图 5.9　北宋汝窑青瓷盘（台北故宫博物院藏）

图 5.10　汝窑盏托（英国维多利亚和阿尔伯特博物馆藏）

图 5.11　天青釉碗（英国大维德基金会藏）

### （二）汝州张公巷窑

张公巷窑位于河南省汝州市，宋人叶寘在《坦斋笔衡》中记载"政和间，京师自置窑烧造，名曰官窑"，但这个窑址一直没有被发现。2000年4月，张公巷的一户居民在盖房子时，挖出了很多瓷片和烧瓷专用的匣钵。瓷片釉色不同于豆青，也有别于天青，匣钵外壁涂有一层耐火泥（图5.12），一些内壁刷有一层青釉（图5.13），匣钵形制有盘式、桶式、漏斗式等（图5.14）。经多位专家鉴定，张公巷确为北宋末年传承清凉寺汝窑的官窑。

图5.12　张公巷窑址匣钵外部　　图5.13　张公巷窑址匣钵内部　　图5.14　张公巷窑址匣钵堆积处

张公巷汝窑瓷胎质细腻，呈淡香灰色，器型精巧典雅，釉色淡灰绿色调显现蓝韵，釉面滋润而柔和，纯净如玉，抚之如绢，温润古朴，素静典雅，釉中有少量"寥若晨星"的气泡。其种类丰富，既有陈设品，如瓶（图5.15）等，又有文房用品，如洗（图5.16）等，还有生活用品，如盘、碗等。

左图5.15　青釉玉壶春瓶
（汝州市汝瓷博物馆藏）

右图5.16　青釉洗（汝州市汝瓷博物馆藏）

张公巷汝窑瓷也有自己的特点，因皇帝审美趣味的改变，其釉色一改清凉寺汝窑的天青色，以淡绿色为主，釉面有玻璃质感，开片以冰裂纹为主。这些特点随着靖康之难时制瓷工匠的南迁，被南宋官窑很好地传承下来，成为南宋官窑瓷器的基调。

**汝官窑瓷的制作流程**

汝官窑瓷的制作流程相当严谨，一件瓷器往往需要经历以下五个步骤：

视频 5.4

第一步，由皇帝下达命令授意制作。

第二步，由中央礼制局、太常寺等中央行政机构制定官样。

第三步，宫廷画师制作彩画的图样或标本。

第四步，在得到皇帝首肯后，图样或标本下发至汝州地方行政单位开始督办。

第五步，窑工按指令依样制作。

## 四、衰落期

金人南侵，对于汝窑的直接影响是熟练窑工逃亡、南迁，造成汝民窑的衰落和汝官窑的断烧。金代前期，汝窑青瓷胎土淘洗较为精细，器坯加工规整，胎体有变厚的趋向。釉层中有杂质黑点出现。纹饰以印花为主，采用传统的装饰图案。金代后期至元代，昔日汝窑青瓷"厚若堆脂，温润晶莹"的风采已不复存在，制作工艺每况愈下，器表不注重装饰。胎体厚重粗糙，器内满釉或底心露胎无釉。釉色灰暗、光泽度差，有青褐、青黄、姜黄、青灰等，已不复往日神采。

汝窑这颗陶瓷界璀璨的明珠随着北宋王朝的覆灭而陨落。宋室南渡后，汝窑熟练的窑工将汝窑高超的制瓷技艺带到南方：一支来到南宋朝廷设立的余姚官窑，为南宋朝廷制瓷；另一支来到浙江龙泉的龙泉窑，将先进技术和审美标准带到那里，其乳浊釉的配置和焙烧技术以及重复施釉工艺，对以后的南宋官窑和龙泉窑都产生很大影响。

# 第二节　汝窑典型器赏析

　　现存传世的汝窑器不足百件，多为皇家流传。收藏汝窑最多的是台北故宫博物院，其以拥有 21 件汝窑瓷器的典藏，居世界汝瓷收藏之冠。其余的在故宫博物院、上海博物馆、英国大英博物馆和大维德基金会等博物馆和私人藏家手中。台北故宫博物院的汝窑器是清宫旧藏的传世品，其中 11 件器底刻题有乾隆皇帝御制诗，乾隆皇帝收藏的艺术品只要是喜欢的就会在上面题诗、盖章以示拥有和欣赏。除了乾隆皇帝题的御制诗，这 21 件汝窑器中还有 2 件器物底部刻了"奉华"二字（图 5.17），奉华款是南宋宫室中德寿宫的配殿奉华堂所用之物，是宋高宗赵构的爱物。底部同时有乾隆题诗和刻"奉华"的只有汝窑奉华纸槌瓶（图 5.18），这件辗转于帝王间的珍贵的汝窑器必定经历不凡。

图 5.17　汝窑奉华纸槌瓶底部（台北故宫博物院藏）　　图 5.18　汝窑奉华纸槌瓶（台北故宫博物院藏）

**陶瓷上的乾隆皇帝御制诗**

**知识拓展 5.5**

　　乾隆皇帝喜爱作诗，一生作诗四万余首，与瓷器相关的有三百多首。带诗的瓷器主要分两大类：第一类，清代以前历代名瓷，特别是宋代五大名窑瓷器。在这类瓷器上，刻瓷工匠会把御制诗用金属工具直接镌刻在器物底部。第二类，乾隆帝本朝的宫廷瓷器。在这类瓷器上，彩绘工匠会把御制诗绘制在瓷器的器身上，诗与彩绘图案相映成趣，成为宫廷御

视频 5.5

制瓷器特有的装饰手法。这些诗不仅记录了当时宫廷中的许多政治活动，同时也为我们了解乾隆皇帝的审美特征和文化素养，提供了最直接的文字资料。

第一位拥有它的皇帝是宋徽宗赵佶。宋朝早期，皇帝的御用瓷器主要是定窑器，定窑自唐以来就是烧造白瓷的北方著名窑口，却因"定州白磁器有芒不堪用"，徽宗时改用汝窑器。宋徽宗崇尚道教，自封道君皇帝，广修道观。在道教的仪轨中经常写青词，就是在青藤纸上用朱笔写诗词跟天上的神仙沟通，以求内心安宁、庇佑国泰民安。道学"静为依归"，崇尚自然、含蓄、平淡、质朴的审美观，青藤纸是青色，天也是青色，青色的幽玄、静寂深得徽宗的欣赏。宋徽宗是中国历史上极具艺术天赋的一位皇帝，他不仅书画技艺精湛，在他当政的最后二十年里，以汝瓷为代表的青瓷工艺也在他的手中达到了顶峰，其中就有汝窑奉华纸槌瓶的身影。北宋末年，汝窑奉华纸槌瓶因徽宗要装点居室被授意烧造，出窑后瓶底并无任何字迹，亭亭玉立地装点着徽宗的宫殿。

## 定窑的"芒"

**知识拓展 5.6**

定窑是唐宋时期重要的白瓷窑口，白瓷胎土细腻，胎质薄而有光，釉色纯白滋润，釉为白玻璃质，略带粉质，因此称为粉定，亦称白定。宋徽宗以"定州白磁器有芒"而弃用定器，"芒"在这里有两层含义：第一层含义，指芒口。定窑器胎体很薄，为了防止变形，采用复烧技术把碗、钵等器物倒扣过来叠着烧，降低烧造成本。因此，口沿处不能施釉就留下了一圈涩胎，影响美观和使用。第二层含义，指颜色过于白、过于刺眼。定窑白瓷色纯白光亮，在明亮处光彩照人，像会发出光芒一样，宋徽宗"厌其有芒"，多是不喜欢定窑器白得过于刺眼。

视频 5.6

第二位拥有它的皇帝是宋高宗赵构。他的父亲宋徽宗是一位伟大的艺术家，但却不是一位合格的皇帝。金兵屡次来犯，屡次退让，终成靖康之难，国家灭亡。宫中被洗劫一空，皇宫中的瓦罐瓷器在抢夺打砸中毁于一旦，宋高宗赵构一

行人仓皇南逃、不断辗转，随身携带不多的珍玩陆续遗失殆尽，显然，这件纸槌瓶并没有直接随赵构来到临安。由于汝窑烧造时间短暂，汝瓷的传世品极为稀少，不仅今天的收藏家不敢奢望拥有，早在南宋就已经有人发出了"近尤难得"的感叹，高宗赵构自然也非常珍爱。高宗有一位深得其宠爱的刘贵妃，若得了珍宝秘玩高宗常会送给刘贵妃，奉华堂是南宋宫室德寿宫的配殿，也是刘贵妃的居所，为了博取妃子的欢心，赵构会在瓷器底部刻上"奉华"二字以示隆重。据《武林旧事》记载，高宗曾从清河郡王那里得了一批汝瓷，因为没有详细物品清单，纸槌瓶是否也在其中已无从考证，但瓶底下的"奉华"二字却见证了乱世中一位帝王和一位女子的爱情。

## 《武林旧事》故事一则

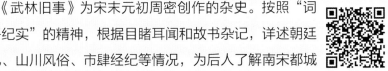

**知识拓展 5.7**

《武林旧事》为宋末元初周密创作的杂史。按照"词贵乎纪实"的精神，根据目睹耳闻和故书杂记，详述朝廷典礼、山川风俗、市肆经纪等情况，为后人了解南宋都城面貌、宫廷礼仪提供了较丰富的史料。上面记载了这样一则故事：宋高宗赵构一次路过清河郡王张俊的家宅，于是就去张俊家做客，张俊受宠若惊，在临别之时送给高宗包括酒瓶、洗、香盒、盏等十六件汝窑瓷器。高宗大喜，赶紧拿着这批汝瓷去找他最宠爱的嫔妃刘贵妃，高宗得了什么珍宝秘玩常会送给其收藏保管，刘贵妃亦很是珍爱。

视频 5.7

第三位拥有它的皇帝是清高宗爱新觉罗·弘历（即乾隆皇帝）。乾隆帝自号"十全老人"，对艺术品收藏有着狂热追求，特别是宋瓷，想方设法大肆搜罗，这件奉华纸槌瓶位列其中。乾隆帝非常珍爱这件汝窑器，最初瓶口是一个小撇口，但不知何故碎了，就命人小心在圈口镶上一个铜圈并描上金使它更坚固又不失美观。瓶底最初只有"奉华"二字刻在左侧边沿处，中间大片的空白给了乾隆帝题诗的冲动，思索良久诗方成："定州白恶有芒形，特命汝州陶嫩青。口欲其坚铜以锁，底完而旧铁余钉。合因点笔意为静，便不簪花鼻亦馨。当日奉华陪德寿，可曾五国忆留停。"这件北宋汝窑青瓷奉华纸槌瓶，高 22.4 厘米，深 21.9 厘米，口径 4.4 厘米，足径 8.6 厘米，底部支钉 5 枚，口沿镶铜扣，长颈、折肩、直腹、圆口、平底，底部有五点支钉痕，刻有乾隆戊戌年御题，诗文左侧刻有"奉华"二字。

**汝窑奉华纸槌瓶御制诗释义**

视频 5.8

知识拓展 5.8

"定州白恶有芒形，特命汝州陶嫩青。口欲其坚铜以锁，底完而旧铁余钉。合因点笔意为静，便不簪花鼻亦馨。当日奉华陪德寿，可曾五国忆留停。"其意为：宋徽宗因不喜欢定窑白瓷的刺目，就命汝州烧制青瓷供皇家使用。它的所有者非常珍爱这件瓶子，口沿破损就用铜扣包着让它更加坚固，底部虽旧但铁色支钉却保护了这件汝窑器的完整。纸槌瓶典雅圆润、平和含蓄，即使不插花也仿佛有花香扑鼻而来，让人沉醉其中。这件汝窑器既见证了刘贵妃陪伴宋高宗时的岁月静好，也见证了靖康之难时的国破家亡。该诗表达了乾隆帝对汝瓷的迷恋和对历史的感怀，同时发出因宋朝灭亡包括汝瓷在内的奇珍异宝至今难觅踪迹的感叹。

如今，这一件刻既有"奉华"铭款又有乾隆御题诗的汝窑器，在台北故宫博物院的瓷器展厅常年摆放着。在它的展柜前，时常聚集着众多游客，若没有导览的介绍，人们未必会知道瓷器底部题刻的"奉华"二字曾见证了一段美丽的爱情。因为战火，它辗转到了中国台湾，作为文明的使者，它将自己所凝聚的文化在这里继续传播。

# 第三节　咏汝窑诗文

汝窑器造型朴拙、高古典雅，釉色沉静、雨过天青，釉质莹润、厚如堆脂，土质细润、胎体细腻，其釉厚而声如磬，色明快而不刺目，被历代宫廷视若珍宝，与商彝周鼎比肩，引得赋诗盛赞无数。

# 一、《汝瓷酒尊》

**汝瓷酒尊**

赵秉文

秘色创尊形，中泓贮醁央。

缩肩潜蝘蜓，蟠腹涨青宁。

巧琢晴岚古，圆嵯碧玉荧。

银杯犹羽化，风雨慎缄扃。

（选自《汝瓷志》，第 407 页）

赵秉文，金代文学家、书法家。字周臣，号闲闲老人，磁州滏阳（今河北磁县）人。世宗大定二十五年进士，为官多年，为政宽简。

这首五言律诗描写了作者赵秉文喜爱的一件汝瓷酒尊，前两句"秘色创尊形，中泓贮醁央"，介绍了这件汝瓷的颜色、形状和功用。它的颜色是秘色，也就是汝瓷中的青绿色釉，形状是尊形，是一种类似青铜瓿的酒器，功能是盛装美酒。第三、四句"缩肩潜蝘蜓，蟠腹涨青宁"，描写了酒尊的容量和酒尊腹部的特点，它的容量不大，刚能容下一只小小的壁虎；它的腹部有像鼓胀的青柠檬那样的鼓丁装饰。第五、六句"巧琢晴岚古，圆嵯碧玉荧"，描绘了汝瓷酒尊的釉质特征，釉面看起来像有一层薄薄的白雾，而结构转折积釉处又好像一圈晶莹美丽的碧玉。由此可以推断这件汝瓷的釉是一种淡青绿的具有乳浊质感的釉，釉的流动性不大，可以堆若凝脂。最后两句"银杯犹羽化，风雨慎缄扃"，作者想象这件酒尊是由银杯羽化而来的，其端庄的造型像是能把所有的风风雨雨排除在外，带给人谨慎又细致的安全感。从诗中可以看出赵秉文是咏物的高手，在他用汝瓷酒尊温酒、斟酒时很是惬意，在品酒的同时，也在品鉴着这件酒尊的美好。满腹经纶的作者，意气风发，斟字酌句，一气呵成，所作之诗给人酣畅淋漓之感。

## 二、《汝窑花觚》

汝窑花觚

高士奇

谁见柴窑色，天青雨过时？

汝州磁较似，官局造无私。

粉翠胎全洁，华腴光暗滋。

指弹声戛玉，须插好花枝。

（选自《汝瓷志》，第 408 页）

高士奇，清代文学家、学者。字澹人，号江村，浙江绍兴府余姚县樟树乡高家村（今浙江宁波慈溪市匡堰镇高家村）人。他是清朝康熙皇帝的宠臣，同时也是一位在文史哲诸方面都有贡献的学者，工诗，善书法，精鉴赏。

这首诗描绘了一件汝窑花觚的釉色、胎质和声音，并表达了诗人对它的钟爱。前两句"谁见柴窑色，天青雨过时"，用具有天青釉色的柴窑器引出将要出场的汝窑花觚。柴窑据说是五代十国皇帝周世宗柴荣的御窑，其瓷青如天、明如镜、薄如纸、声如磬，滋润纤巧有细纹，制精色异。关于柴窑的记载仅出现在文献中，目前没有存世，身为清朝人的诗人认为柴窑瓷明艳珍贵。第三、四句"汝州磁较似，官局造无私"，诗人让汝窑花觚应声而至，并点明其官窑属性。第五、六句"粉翠胎全洁，华腴光暗滋"，描绘了花觚的釉色、胎质、裂纹和光泽，即淡青绿的釉色、细腻的胎质、如胰脏花纹般的裂纹和暗哑的光泽。最后两句"指弹声戛玉，须插好花枝"，描写了敲击花觚的声音，其声如磬，并给出结论——值得一束好花枝与之相匹配。这首诗赞颂汝窑瓷与柴窑瓷较为相似，它们的相似之处表现为——色如雨过天青，质莹润如玉，声叩之如磬，表达了诗人对汝瓷的欣赏和珍爱。

1.汝窑生产青瓷有几个历史阶段？它们分别有什么特点？

2.结合汝官窑的艺术特点，想一想为什么收藏界有"青瓷收藏，汝窑为魁"的说法。

第六章

端庄青秀话南宋官窑

青

瓷

赏

析

南宋官窑是服务于南宋皇室的青瓷窑口，既有朝廷直接掌管的，也有州府一级监控的。南宋建立于靖康之难后的南京应天府（今河南商丘）。为躲避金兵，宋高宗赵构仓皇南逃，辗转数年，定都临安（今浙江杭州）。在这一路步履维艰中，北宋以来的祭祀之礼，无论是对南宋王朝还是对宋高宗本人而言都极其重要，祈求风调雨顺、福佑丰年的祭祀活动（图6.1）即使在逃亡途中也不曾偏废。上古三代时已经形成了以铜玉为主的祭器系统，然而由于金人南侵，北宋灭亡，劫余的祭典礼器毁于坎坷不平的南迁之路，无奈之下只得从俭——"祭器应用铜玉者，权以陶木"。南宋官窑在此背景下应运而生（图6.2）。

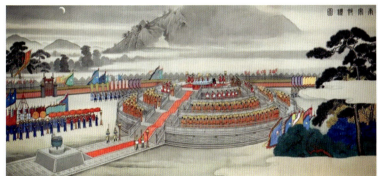

图6.1　南宋郊礼图（杭州南宋官窑博物馆藏）

图6.2　官窑青瓷贯耳瓶
（台北故宫博物院藏）

## 官窑

官窑有狭义和广义之分。狭义上的官窑，是指由朝廷直接掌管，为皇家定制祭器、礼器和日用器的瓷窑。广义上的官窑，除了朝廷专设的瓷窑，还包括地方官府监控的烧制贡瓷和宫廷用瓷的瓷窑。本书研究的南宋官窑就是广义上的官窑，既有朝廷直接掌管的内窑、续窑和郊坛下窑，也有州府一级监控的余姚窑和乌泥窑。

知识
拓展
6.1

视频6.1

# 第一节　南宋官窑历史概述

南宋官窑器是历史上最接近玉器的青瓷，具有薄胎厚釉、粉青釉色、紫口铁足和冰裂纹片的特征。随着近些年考古调查和资料调查的不断深入，发现南宋官窑由一系列或并行或前后存在的窑场构成，它们都有各自不同的窑名，依次为余姚窑、内窑、续窑、乌泥窑和郊坛下窑等，一直与南宋朝廷相伴相生百余年。

## 一、余姚窑

建炎元年（公元 1127 年），赵构（宋高宗）于南京应天府即位，标志着南宋建立，三年后定都临安，其间曾辗转扬州等地。宋高宗南渡后最先落脚越州，《宋史》记载："建炎二年（公元 1128 年）十一月冬至，祀昊天上帝于圜丘。"此时，朝廷急需祭器，一同随行的北方窑工最先在这里烧制宫廷用瓷，以解燃眉之急，史称"余姚窑"，是宋室南渡后设立的第一个州府一级的官窑。它在继承北方耀州窑和汝窑制瓷技艺的基础上，运用南方龙窑的烧制技艺制作出精美的青瓷，标志着先进青瓷制作技艺的南移。

虽然自晚唐以来，宁绍地区就是越窑青瓷的主要产地，但余姚窑所出土器物的产品造型和釉色异于越窑。余姚窑的出土器物主要有两类：一类是祭器和观赏用器物，如瓶、香炉（图 6.3）、熏炉（图 6.4）、盂、尊等，它们胎质细腻并呈淡香灰色，以素面为主，施淡天青、淡绿、青绿等乳浊釉，多次重复施釉多次烧成，与北宋汝窑一脉相承；另一类是数量较多的日常用瓷，如盘（图 6.5）、盏、碗、罐（图 6.6）等，它们胎体较粗厚，一部分器物底部刻有"御厨""后苑""贵妃"等款识，施透明青绿釉，刻划花满花装饰，与耀州窑一脉相承。这些出土器物表明南宋初年统治者不仅喜爱做工较精细的乳浊釉青瓷，同时也需要大量耐用的厚胎青瓷。

图 6.3 余姚窑青瓷鬲式香炉（浙江省博物馆藏）　图 6.4 余姚窑青瓷熏炉（浙江省博物馆藏）　图 6.5 余姚窑青瓷盘（大阪市立东阳陶瓷美术馆藏）　图 6.6 余姚窑青瓷罐（慈溪市博物馆藏）

## 二、内窑

随着南宋王朝定都临安，从国之天子到黎民百姓自上而下呈现出"偏安江南一隅"的行乐之风，特别是掌权者"修礼乐以文太平"，需要大量礼乐之器。与在余姚设置官窑相比，在都城设置官窑具有指令传达迅速和成瓷运输更加便利的优势。南宋第一处设在都城的内窑官窑便应运而生。内窑地处杭州万松岭，由临安府掌烧、邵局监管。在邵谔主持下内窑品质优良，产品具有"澄泥为范，极其精致，油色莹澈，为世所珍"的特点。瓷器种类丰富，主要有碗、盘、碟、茶托、琮式瓶、觚、尊、鼎（图 6.7）、花盆（图 6.8）、套盒（图 6.9）、罐等。胎质多为紫金土，胎质细腻主要呈灰黑色，也有的呈浅灰色和土黄色，部分大件器物胎较厚，断面上常可见到中间呈土黄色、外侧呈灰黑色的类似"夹心饼干"的现象（图 6.10）。青瓷釉色有米黄、天青、粉青、淡青、淡绿等数种，以粉青为佳。器物表面大多施两三层乳浊釉，有的甚至施四层釉，釉质乳浊而莹润。器身光素无纹，釉面开片，多冰裂纹片，具有强烈玉质感。

图 6.7 内窑青瓷香鼎（日本静嘉堂文库美术馆藏）　图 6.8 内窑青瓷盆（台北故宫博物院藏）　图 6.9 内窑青瓷套盒（中国国家博物馆藏）　图 6.10 内窑胎体断面

### 解读"澄泥为范，极其精致，油色莹澈，为世所珍"

**知识拓展 6.2**

南宋官窑烧制的各类器物具有"澄泥为范，极其精致，油色莹澈，为世所珍"的特点。澄泥为范，是指南宋官窑器物按照朝廷要求用泥制作出模具，经烘烤制成陶范，器物的成型方式多为模具成型；极其精致，是指南宋官窑器物造型精巧、胎体较薄；釉色莹澈，是指南宋官窑器物多次施釉，釉层很厚，达到像玉一样的质感；为世所珍，是指南宋官窑器物制作精良、数量稀少、非常珍贵。

视频 6.2

## 三、续窑

由于内窑所在的万松岭生活便利，官署众多，地段优越，内窑在邵谔被罢职后不久便熄灭了窑火。内窑被迫停烧后，窑工们在人迹罕至的凤凰山半腰设窑，承袭旧制继续为朝廷烧瓷。内窑烧制的各类器物，基本满足了一段时间朝廷对祭祀和日常用瓷的需要，续窑只需保证特供瓷、特需瓷的烧造即可。续窑既提供日常生活用器，也提供陈设、祭祀用器，器物品种较丰富，有碗、盘、杯、罐、花觚（图 6.11）、套盘、鼎（图 6.12）、瓶（图 6.13）、花盆（图 6.14）等，但精致程度不如内窑。续窑青瓷的胎含有紫金土，在不同的烧成温度下呈现出深浅不一的灰色，胎体中气孔较多，胎质疏松。釉色以粉青为上，还有不少呈青灰、青黄、青绿等，少量为米黄色。釉层普遍较厚，也有部分薄釉器物，釉面较为滋

图 6.11 续窑青瓷觚残件（杭州南宋官窑博物馆藏）　图 6.12 续窑青瓷方鼎残件（杭州南宋官窑博物馆藏）　图 6.13 续窑青瓷镂空瓶残件（杭州南宋官窑博物馆藏）　图 6.14 续窑青瓷花盆残件（杭州南宋官窑博物馆藏）

润，多有开片。续窑制品较内窑制品稍显粗糙，这既说明朝廷对续窑的重视程度低于内窑，同时也表明内窑的顶级制瓷技术在传承过程中有所缺失。续窑位于凤凰山八盘岭旁边，南宋时期，八盘岭上的建筑逐渐增多，有御书阁、凝香堂、整暇堂等。窑场会对周围的"奇伟之观"造成负面影响，续窑没烧多久也无奈地停烧了。

### 邵局

南宋时期，邵局负责制作宫中所需之物，包括各类礼器、祭器、浑天仪、朝服和乐器等。邵局的统领者是邵谔。邵谔是谁？我们可能没听过，但提起他的顶头上司秦桧，估计是家喻户晓。历史上秦桧是玩弄朝政、阴险狡诈的奸臣代表，岳飞含冤受辱的惨烈离世，少不了秦桧在其后的推波助澜。作为秦桧党羽的邵谔自然对秦桧主张的"修礼乐以文太平"推崇备至，从而成就了南宋官窑制作最为精美的内窑官窑。

知识拓展6.3

视频6.3

## 四、乌泥窑

古代制瓷工艺传播主要依靠窑工师徒间的手口相传，传递终止也就意味着技术的消失。从考古资料看，续窑停烧后，一些窑工来到龙泉查田镇溪口村烧制黑胎乳浊釉青瓷，这就是乌泥窑，也称龙泉溪口窑。乌泥窑器物做工精致，为之后的郊坛下官窑提供了技术支持和窑工储备。乌泥窑产品包括黑胎类青瓷和白胎类青瓷两种，以黑胎乳浊釉青瓷为主要产品，造型优雅，薄胎厚釉，釉色青莹，釉质润泽。瓷器种类主要有碗（图6.15）、洗、净瓶（图6.16）、鬲式香炉、香鼎、把杯（图6.17）、觚、杯（图6.18）、贯耳瓶、琮式瓶、渣斗等，还有日常生活用具和陈设品，小型器物较多。瓷胎呈现灰黑色，将釉色衬托得更加滋润似玉，胎壁很薄，采用了素烧和重复施釉工艺，使得釉层肥厚莹润，釉的厚度常常超过胎的厚度，釉面有大小不等的开片，大多素面无纹。

图 6.15　乌泥窑青瓷碗（湖州市博物馆藏）

图 6.16　乌泥窑青瓷净瓶（浙江省博物馆藏）

图 6.17　乌泥窑青瓷把杯（湖州市博物馆藏）

图 6.18　乌泥窑青瓷杯（湖州市博物馆藏）

## 乌泥窑官窑属性的文献佐证

知识<br>拓展<br>6.4

视频 6.4

南宋人顾文荐的《负暄杂录》在谈及宋代官窑时说："宣政间，京师自置烧造，名曰官窑。中兴渡江，有邵成章提举后苑，号邵局，袭徽宗遗制，置窑于修内司造青器，名内窑。澄泥为范，极其精致，油色莹澈，为世所珍。后郊下别立新窑，亦曰官窑，比旧窑大不侔矣。余如乌泥窑、余姚窑、续窑，皆非官窑比。"文中赞扬了内窑的精美无比，同时将乌泥窑与余姚官窑、续窑并列在一起，表明它也是烧造宫廷用瓷的窑场。由于内窑、续窑、郊坛下官窑等皆专烧黑胎乳浊釉青瓷，故乌泥窑的产品无疑也是相同的风貌。

## 五、郊坛下窑

南宋早期，统治者收复中原之志尚坚，然在"修礼乐以文太平"后，就"直把杭州作汴州"。南宋中期开始，社会风气愈益奢靡，朝廷不满足于乌泥窑这个州府一级的官窑之供给，而亲自设窑烧瓷，这就是南宋最后一个官窑——郊坛下官窑（图6.19）。郊坛下窑址坐落于杭州乌龟山西麓，紧邻南宋皇帝祭天的郊坛，郊坛下窑因此得名。根据郊坛下窑址出土的瓷片及

图 6.19　郊坛下官窑窑址

其复原情况来看，瓷器种类主要有碗、盘、碟、香炉、灯、瓶、壶、罐等。从器型来看，郊坛下官窑的器物与汝窑、余姚窑、内窑、续窑、乌泥窑的器物有许多相似或相同之处。郊坛下官窑青瓷的胎色偏深，多为黑、黑灰或深灰色。釉色以青色为主，基本上可分为粉青、青灰、米黄三种色调，釉层滋润有玉石感，一部分有疏密不一的纹片，分薄釉和厚釉两类制品。厚釉产品的特点是重复施釉，一般施两三层，有的甚至达四层以上。青釉的碧玉之美由此被推向极致。

### 郊坛下官窑窑址介绍

**知识拓展 6.5**

郊坛下官窑先后经过三次较大规模的发掘，从 1930 年到 1932 年，中央研究院先后三次到杭州实地调查并试掘，在乌龟山西南角发现了青瓷窑址，窑炉依山建造，认为这是南宋官窑窑址所在。1956 年，浙江省文物管理委员会对乌龟山窑址进行了首次小规模的科学发掘，清理出一条 23.5 米长的龙窑。1985 年 10 月至 1986 年 1 月，考古队对窑址进行正式发掘，发掘面积近 1400 平方米，清理出龙窑 1 条、房基 3 处、练泥池 1 个、辘轳坑 2 个、釉料缸 2 个、堆料坑 1 个、素烧炉 1 座，以及素烧坯堆、排水沟、道路等遗迹，出土瓷片 3 万余件、窑具数千件，为南宋官窑的研究提供了大量的实物资料。

视频 6.5

南宋官窑青瓷以优美的造型和莹润的釉色取胜，薄胎厚釉，以素面为主，仅在少量器物上有装饰纹样。从余姚窑、内窑、续窑、乌泥窑到郊坛下窑，虽然窑址几经变迁，但在造型、釉色、装饰、装烧工艺等方面都有很强的相似性，反映出南宋朝廷审美特点和艺术追求的连续性，代表着中国青瓷文化的审美巅峰。德祐二年（公元1276年）初，元军占领临安，"封府库，收史馆、礼寺图书及百司符印、告敕，罢官府及侍卫军"，南宋官窑随着南宋王朝的覆灭就此终结。

## 第二节　南宋官窑典型器赏析

南宋官窑脱胎于北宋张公巷汝窑，无论器型、釉色还是装烧方式，都能从中找到熟悉的身影。但青瓷琮式瓶是个例外，它是南宋官窑的新品种，是南宋官窑最具特色、工艺最难的器物之一（图6.20）。通常认为，南宋官窑的器型源于上古三代的青铜器，给人以肃穆之感，但青瓷琮式瓶却源于上古玉器——玉琮。

图6.20　南宋官窑青瓷琮式瓶（日本东京国立博物馆藏）

### 青瓷琮式瓶成型步骤

青瓷琮式瓶按照成型的先后顺序可以分为三个步骤：

第一步，用模印或手工拉坯来制作出像箭筒似的圆形器物，这是琮式瓶的主体，除了口部和足部少量露出外，中间大部分将被方形器覆盖。

视频 6.6

第二步，用模印方法制作出四个"L"形器物，它们将共同组成琮式瓶的方形部分。

第三步，将四块模印的"L"形器物粘贴在桶形器上，琮式瓶这才制作完成。

南宋官窑青瓷琮式瓶器物体量不大，高度多为 20 厘米左右，宽度多为 15 厘米左右，但是无不透露出一种稳重、含蓄的素雅风格。要想深入了解这种琮式瓶，可以从造型、釉质和纹饰三方面入手。

琮式瓶的造型很特别，"两头圆、中间方"，简简单单六个字却是对陶瓷成型工艺的巨大考验。现存完整的南宋官窑青瓷琮式瓶分为五个部分，中间的桶形器和外部的四个方形器，因为是由四个方角和一个桶形器五部分粘贴而成，故在烧制过程中极易变形，垮掉、开裂亦经常发生，再加上缩釉、流釉等问题，一件尚可的青瓷琮式瓶可以毫不夸张地说都是"百里挑一"的结果。为什么选择这种造型？这要从它的母体——良渚玉琮（图 6.21）谈起。

图 6.21  良渚玉琮王（浙江省博物馆藏）

玉琮是良渚玉器的典型代表。2019 年 7 月 6 日杭州良渚古城遗址被正式列入《世界遗产名录》，成为实证中华五千年文明史的圣地。良渚古城自 1936 年开始考古以来，因出土大量玉器而引人瞩目。这些玉器除了佩戴的装饰用玉外，玉礼器也精美异常。

**良渚神徽介绍**

**知识拓展6.7**
良渚神徽从雕刻层次上看，神人的羽冠与兽面均为浮雕，而身体部分用细纹阴刻；从尺寸上看，羽冠与兽面，比例相配，在设计上呈一整体；从其发展演变看，早期精细，晚期均为简化形象，更无人兽之分。因此，该图案所表现的应该是一个整体的神的形象，而不应该有人兽之分，其完整图案的浮雕部分，只是将神的面部特化的一种表现方式，是良渚人的崇拜神。

视频 6.7

在玉礼器中大量存在一个神人骑在兽身上形象的兽面纹（图 6.22），经考证，它是良渚人崇拜的神徽。玉琮的形制就是四面雕刻着神徽的玉柱，作为神灵载体的神柱，它们为少数巫师和首领所拥有，既是用来通神的工具，也是拥有神权的象征。通常我们看到的良渚玉琮是内圆外方，但这种造型一开始并不是这样的，曾经发生过三次大的演变。玉琮造型的演变过程是从对神徽刻画由繁到简、由具体到抽象的过程，并最终形成了玉琮内圆外方的特定形制，对后世青瓷造型产生深远的影响。

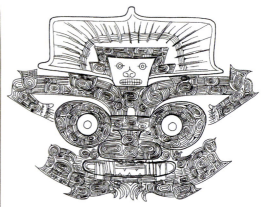

图 6.22　良渚玉琮上的兽面纹（良渚博物院藏）

知识
拓展
6.8

**良渚玉琮造型演变**

第一阶段为圆形琮。早期的玉琮呈圆形，只在圆筒形的外周浮雕上加印刻出四个神徽的图案。

第二阶段为钝角琮，即折角大于 90°。这个时期是将神徽立体化、简化，首先沿鼻线加高，其次图案部分分块凸起，便形成了玉琮四面的竖槽和横向分节槽。

视频 6.8

第三阶段为直角琮，即折角基本等于 90°。这个时期是将图案进一步立体化，不断地将鼻线加高，逐渐出现了玉琮的四角，从而最终形成了玉琮外方内圆的形式。

南宋官窑青瓷追求似玉、非玉、胜玉的效果，作为礼器的琮式瓶更是如此，釉色沉稳肥润、莹润如玉，这得益于胎和釉的完美配合。在胎体上，琮式瓶的胎色偏深，多为黑、黑灰或深灰等，采用瓷石加紫金土的二元配方。胎料中添加紫金土是为了提高氧化铝和氧化铁的含量：氧化铝含量的增加提高了胎体的抗变形能力，使胎体更加轻薄精致；氧化铁含量的增加使胎体颜色更加深沉，一方面使釉色更加沉静翠润，另一方面成就了"紫口铁足"的装饰效果。在釉色上，以青色为主，基本上可分为粉青、青灰、米黄三种色调。石灰碱釉由植物草木灰及石灰、长石、高岭土、石英等原料配制而成，釉内氧化钾、氧化钠的含量较高，釉在高温下黏度大，不易流釉，釉就可以施得厚一些，从而形成玉质感。为了追求更类碧玉的效果，窑工们不断加厚制品的釉层，随着釉层的逐渐加厚，开片成了南宋官窑青瓷很难避免的工艺缺陷。因此，南宋官窑青瓷琮式瓶在釉质肥润中都存在或大或小、或多或少的裂纹和开片现象。

知识
拓展
6.9

**"紫口铁足"的成因**

"紫口铁足"现象是由于高温焙烧时，器物口沿部位的釉因高温熔融向下垂流，釉层变薄，会微微透出胎骨颜色，从而使口沿部位呈紫褐色，称为"紫口"；在垫烧的器物圈足底端刮釉露胎处，烧成后经二次氧化变成黑褐色，俗称"铁足"。明人谷泰在《博物要览》中述及官窑时曰："其

视频 6.9

土紫，故足色若铁，时云紫口铁足。紫口，乃器上仰，釉水流下，比周较浅，故口露紫痕。此何足贵？惟尚铁足，以他处之土，咸不及此也。"这从制瓷技术的角度阐释了"紫口铁足"的原因。

南宋官窑器崇尚沉静，这件琮式瓶没有过多装饰，只在四角排布一些弦纹，代表玉琮的节。良渚玉琮凹下或凸起的弦纹和边棱看似简单，实则是良渚神徽不断抽象、立体的结果。神徽的层数（即玉琮的节数），作为玉琮的主要纹饰特征，有高矮和数量的不同。传世的南宋官窑琮式瓶基本都是五节，宋代帝王推崇"九五之尊"的说法。《周易·乾》中云："九五，飞龙在天，利见大人。"皇室建筑、家具陈设和生活用品等多用"九""五"两个数字。五节琮型器相对于九节琮型器，在琮的节纹排列与整体器型比例上似乎更加端庄大气、敦厚稳定。五节青瓷琮式瓶体现了南宋官窑对于古代器物的再创造，反映出宋朝统治者的艺术情趣，是文人意识在造物之美上的完美体现。

## 厚釉的成因

除需要具备好泥、好釉外，施釉和烧成技术也同样重要。琮式瓶通常采用三次烧成技术：第一次，坯体经 700～800℃素烧，以增加坯体强度；第二次，施釉后再经 800～900℃釉烧，因釉面玻璃相的产生，部分釉面微孔闭合或缩小，致使吸釉能力减弱；第三次，再上釉，釉层之间就会因釉料吸附不紧密而使颗粒分布不均匀，最终导致烧成后出现厚釉和分层现象。

视频 6.10

南宋官窑青瓷琮式瓶是南宋官窑陶瓷的重要代表之一，但存世的完整器只有四件，除了一件在私人藏家手中，另外三件分别馆藏于台北故宫博物院、日本东京国立博物院和英国大维德基金会。这些蕴藏着深厚文化底蕴的国宝在乱世中背井离乡、颠沛流离、无法归家，在传播中华青瓷文化之美的同时也诉说着无限的悲哀和无奈。

# 第三节　咏南宋官窑诗文

　　南宋官窑烧造之初是源于皇家对祭祀礼器的迫切需求。南宋朝廷无法遵从上古三代已经形成的以铜玉为主的祭器系统，在祭器选择上只得"权以陶木"。幸而南宋窑工最终交出了满意的答卷，南宋官窑器是青瓷烧制历史上"造玉"的巅峰之作。只因专为皇家烧造，烧制数量少，成品要求高，存世者甚少，文人难得一见，对它赞颂最多的要数乾隆皇帝，下面两首咏南宋官窑的诗文都出自他的御制诗。

## 一、《咏官窑双管瓶》

**咏官窑双管瓶**

李唐越器久称无，赵宋官窑珍以孤。

色自粉青泯火气，纹犹鳝血裂冰肤。

摩挲真是朴之朴，咏叹仍非觚不觚。

合赠何人合长吉，簪花得句负奚奴。

（选自故宫博物院：《故宫博物院藏御制诗陶瓷器》，第 54 页）

　　双管瓶，其形制源于贯耳壶，最初有盖，多用来盛酒或水，良渚文化陶器中就有新石器时代的陶贯耳壶。商周时，青铜贯耳壶多饰以兽面纹或弦纹，成为一种礼器。宋时，青瓷贯耳壶素面无纹，多为花器，成为贵族阶层使用的器物。

　　诗中所吟诵的这件双管瓶实为明代仿官釉瓷器，被乾隆皇帝误认为宋代官窑珍品而加以青睐，该瓷器现被专家命名为贯耳扁方壶（图 6.23），收藏于故宫博物院。这首诗就镌刻在双管瓶的底部，诗中前两句"李唐越器久称无，赵宋官窑珍以孤"，诗人以唐代越窑器因历史久远而罕有，衬托宋代官窑器因为本就不多而更加珍贵。第三、四句"色自粉青泯火气，纹犹鳝血裂冰肤"，描绘了官窑贯耳壶的釉色、质感以及裂纹的颜色和形状，即粉青釉色、哑光质感以及暗红色的冰裂纹。第五、六句"摩挲真是朴之朴，咏叹仍非觚不觚"，描述了官窑贯耳壶的触感非常古朴，并感叹官窑器果真实至名归。最后两句"合赠何人合长吉，簪花得句负奚奴"，作者借用唐代诗人李贺白天创作诗文、夜晚整理书稿的典故，婉转称赞用官窑贯耳壶盛放李贺的诗文也是恰当的。表达了乾隆皇帝对这件官窑贯耳壶的赞扬和对能够拥有它的自豪之情。

图 6.23　仿官釉贯耳扁方壶（故宫博物院藏）

## 二、《咏官窑碟子》

### 咏官窑碟子

挣钉犹是宋窑遗，冰裂纹存釉水滋。

一例凤凰山下土，不经陶炼孰珍之。

（选自《清高宗诗四集》卷二八，中国古代陶瓷文献影印辑刊，六〇六五）

碟子通常是放在餐桌上用来盛放酱油、醋等调味品的器具，比盘子尺寸小，同属餐具。洗或称笔洗，属于文房用品。看似不同的两类器物，但随着某些窑口的碟子产量变少、逐渐稀缺之后，也被称为"洗"，以凸显其卓尔不群的气质，这件官窑碟子也被称为官窑洗。

这首诗的前两句"挣钉犹是宋窑遗，冰裂纹存釉水滋"，描写了这件官窑碟子的底部特点和釉面特点，即底部的支钉痕是在南宋官窑烧制时留下的，釉层像是不断涌出水的河面，冰裂纹就在厚釉中。后两句"一例凤凰山下土，不经陶炼孰珍之"，作者笔锋一转，警示这么美好的官窑器其实质不过也就是凤凰山下的土，不经过淘洗和提炼谁也不会珍惜它。这首诗是乾隆御题诗中比较少见的借物抒情诗，他没有沉溺在对官窑碟子的喜爱中，而是警示后代要不断历练自己，就如同这件官窑碟子，不经过淘洗、提炼又怎会成就这件千古美器。

思考题

1.南宋官窑有几个窑口？它们分别有什么特点？

2.结合南宋官窑衰落的根本原因，想一想官窑和民窑的生命周期有何不同。

青瓷赏析

第七章

金丝铁线话哥窑

青

瓷

赏

析

与其他窑口相比，哥窑更像一个传说，虽然关于它的记载很多，但却充满疑团，很多问题至今仍是陶瓷研究界非常复杂的议题。如果按照故宫博物院的研究成果给它下一个定义，可以为：哥窑是胎色深灰或深褐，釉色灰青或月白或米黄，釉面有细碎染色开片纹，又或者浅白断纹的瓷器（图7.1）。通过这个概念可以看出，与其说哥窑是特定窑口的产物，不如说是一种风格类似的青瓷种类，这种风格最鲜明的特征就是釉面开片所形成的显著裂纹，或深或浅，或曲或直，古拙浑厚，独树一帜。

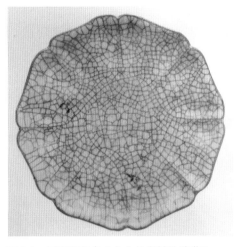

图 7.1　哥窑葵花盘（台北故宫博物院藏）

## 哥窑器的开片纹

<table>
<tr><td>

知识
拓展
**7.1**

</td><td>

在哥窑之前，瓷器的裂纹被认为是一种工艺缺陷，是胎釉的膨胀系数不同导致的。汝窑、南宋官窑等青瓷多有开片，但哥窑的特别之处是在开片的基础上对开片间的裂纹进行染色（龙泉哥窑除外），从而形成独具特色的装饰

</td><td>

视频 7.1

</td></tr>
</table>

风格。裂纹纵横交错，布满整个米黄色、月白色器身，有的如遒劲树根的"金丝铁线"，深褐色的线是主根，浅棕色的线是侧根，盘根错节般紧紧扒在器身上；有的开片大些，状如蟹爪，有的开片极小，状如鱼子，单一深褐色的线布满器身的各个角落。每件哥窑器的裂纹都是独一无二、浑然天成、古拙深邃的，顺着这一条条纹路仿佛能到达思维的彼岸，是明清读书人的案头佳物。

# 第一节　哥窑历史概述

在很长一段时间内，哥窑被认为是一类具有"金丝铁线""紫口铁足"厚釉青瓷的统称，其实这并不能概括其全貌和复杂性。随着近些年考古资料的不断丰富，越来越多的着色开片青瓷都成为大众眼中的哥窑器，但要想对哥窑器进行全面认知和研究，需要综合各方面信息。根据近些年对哥窑研究成果的梳理，我们发现其器物的主要类型有四类：一是明清皇宫中的旧藏，也就是赫赫有名的传世哥窑器（图7.2）；二是元末明初记载的杭州附近的"哥哥窑"（也称"哥哥洞窑"）器（图7.3）；三是明清时期生产、专仿传世哥窑类型的器物，也称仿哥釉器（图7.4）；四是龙泉哥窑器，虽与前三类差异较大，但与一些文献描述相符（图7.5）。

图7.2　米色釉贯耳长颈瓶（故宫博物院藏）　图7.3　青釉贯耳长颈瓶（上海博物馆藏）　图7.4　仿哥釉瓜棱胆式瓶（故宫博物院藏）　图7.5　龙泉窑铁胎褐釉胆式瓶（浙江省文物考古研究所藏）

## 一、传世哥窑

传世哥窑器主要是指藏于故宫博物院和台北故宫博物院，釉面开片细碎，釉质酥润，釉色或米黄或月白或灰青的瓷器。该类瓷器声名显赫，在收藏领域，一般提起"哥窑瓷器"若无特别声明，均指"传世哥窑器"。传世哥窑器属明清宫廷收藏的一类宋代瓷器，存世数量不多，大部分传世哥窑器的釉面有油腻感，"润泽如酥"，颇像凝固的猪油，虽看得到开片纹路但并无断纹触感，触感滑润，如婴孩的皮肤。关于传世哥窑的认定：20世纪50年代故宫博物院的专家根据文献中关于哥窑"金丝铁线""紫口铁足"的描述，认定了一批无明确记载的具有哥窑特征的清宫旧藏瓷器；另外清高宗乾隆帝的诗也为鉴定这些瓷器立了功，在他的《御制诗集》里，咏哥窑的诗多达 21 首，部分诗作就刻在瓷器底部，可谓实打实的"铁证"。传世哥窑器的烧造地点至今尚未被发现，也未见墓葬出土器物，但其造型俊秀端庄、制作精美、釉色肥润，像鱼耳炉（图 7.6）、贯耳瓶（图 7.7）、胆瓶（图 7.8）等均具有典型宋代官窑瓷器风格。因此，传世哥窑器的烧制年代被故宫博物院认定为宋代，具有官窑性质。

图 7.6　哥窑灰青釉鱼耳炉（台北故宫博物院藏）　　图 7.7　传世哥窑八方贯耳瓶（故宫博物院藏）　图 7.8　传世哥窑青釉胆式瓶（故宫博物院藏）

## 金丝铁线纹路形成试探

要使纹路产生金丝铁线般的效果，需要进行一系列专业的操作：

视频 7.2

**知识拓展 7.2**

第一步，将刚出窑的开片青瓷用墨汁涂满器身，静置五分钟，再用干净的纸将青瓷表面擦拭干净，这时会发现器身上出现了铁线。

第二步，将青瓷放置于通风洁净处一段时间，因为开片数量会随着时间不断增多，所以观察到开片数量合适时就可以制作金丝了。

第三步，准备一大缸浓茶水，以没过青瓷为宜，将青瓷整个投到浓茶水中慢慢养，一周后金丝的效果就会呈现，连同用墨汁制作的铁线，金丝铁线的装饰效果就制作完成了。

历史上，金丝铁线的哥窑器多为自然条件下或偶然或经年累月而产生，上述方法也只是模拟出金丝铁线的效果。

## 二、"哥哥窑"（"哥哥洞窑"）

历史上有关哥哥窑和哥哥洞窑的第一次记载，出现在元代孔克齐的《静斋至正直记》，记录了当时作者在杭州买到哥哥洞窑产的香鼎一事："乙未冬在杭州时，市哥哥洞窑器者一香鼎，质细虽新，其色莹润如旧造，识者犹疑之。会荆溪王德翁亦云，近日哥哥窑绝类古官窑，不可不细辨也。"哥哥洞窑或哥哥窑很有可能在被后代文人不断传抄过程中简化成"哥窑"，并沿用至今。宋末，郊坛下官窑覆灭，其中一部分制瓷工匠在凤凰山脚下的窑场继续烧造被市场推崇的"南宋官窑器"，昔日只有王公贵族才能把玩的官窑器因受市场追捧，已经成为商品瓷。虽然官窑工匠依然按照往日形制进行生产，但没有朝廷的投入和监管，品质把控自然会下降。出现了胎质较粗，釉色普遍发灰、泛黄，更有甚者出现了月白、米黄的乳浊釉。能够印证这段历史的是杭州老虎洞遗址的考古发现，现场发掘出宋代官窑器层和元代类哥窑器层，并有对应的窑址和窑具。元代类哥窑器层又可以分为截然不同的两类：一类是元末以前的质量较好的"绝类古官窑"器，另一类是胎质较粗，釉色灰黄、偶尔出现月白和米黄乳浊釉的类哥窑器（图7.9）。杭州老虎洞遗址出土的哥哥洞窑残片与传世哥窑器在器型上存在差别，但与元代、明代墓葬（图7.10）和窖藏（图7.11）出土的哥窑器相似程度高，从而佐证了哥哥洞窑的民窑属性。此外，从现场发掘来看，哥哥洞窑产量较多、规模较大，也反映出哥哥洞窑产品在当时广受市场认可。

图7.9 米黄釉双耳鼎式炉（故宫博物院藏）　　图7.10 米黄釉贯耳瓶（浙江省湖州市长兴县明代墓葬出土）　　图7.11 灰青釉瓶（两件）（江苏省南京市溧水区元代窖藏出土）

**月白、米黄釉色的形成**

视频 7.3

知识
拓展
7.3

南方青瓷烧制多用龙窑，在几十米长的龙窑中烧成，温度难免不匀，烧成气氛难免不足。从青瓷烧制工艺来说，出现发黄和乳浊釉多是由于在烧制时的还原阶段还原气氛不充足、温度不高，是一种青瓷烧制时的工艺缺陷。这些月白、米黄的乳浊釉开片瓷器经过岁月的沉淀，或土沁或茶染等，在浅色釉面上极易形成深色纹路，从而造就哥窑瓷器的独特风格。

## 三、明清仿哥窑

明代，崇古之风盛行，哥窑瓷器深受世人喜爱，并开始频繁出现于文献、画作中，于是出现了对哥窑瓷器的仿制。这种仿哥窑瓷器也被称为哥釉器或仿哥釉器。在清宫旧藏的哥窑瓷器中，除了宋代的传世哥窑瓷器，还有明清时期仿制的哥窑型器。仿哥窑型器的窑场主要有两个：景德镇窑和吉州窑。

（一）景德镇窑

明代，景德镇民窑瓷器的生产分工日趋细化，从原料的开采到成品的销售已分化为许多环节，进行专门化生产，其中就有专门做"碎器"的窑户。明代科学家宋应星的《天工开物》曾清晰地记述了瓷器碎纹的制作方法，"凡为碎器①与千钟粟②与褐色杯等，不用青料。欲为碎器，利刀过后，日晒极热，入清水一蘸而起，烧出自成裂纹。"既然掌握了方法，那么仿制哥窑瓷器也便轻而易举了。所以，在人们统称的哥窑瓷器中，有一部分当属景德镇仿烧哥窑瓷器的民窑——"哥窑户"的制品。这些仿哥釉器在传世哥窑器中也占相当比例，与传世哥窑器相比，仿哥釉器的釉色除了有米黄釉，更有粉青釉。仿哥釉器造型丰富，有方瓶（图 7.12）、琮式瓶（图 7.13）、花觚（图 7.14）等。开片裂纹因后期人为染色而看起来更加深沉清晰，具有遒劲古拙的审美感受，与传世哥窑有一定差距。

---

① 碎器：表面带有裂纹的瓷器品种。
② 千钟粟：表面带有米粒状凸起的瓷器品种。

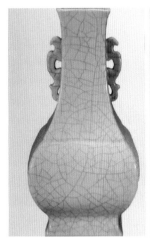

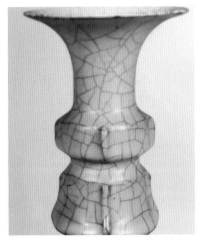

图 7.12　仿哥釉双耳方瓶（故宫博物院藏）　　图 7.13　仿哥釉刻八卦纹琮式瓶（故宫博物院藏）　　图 7.14　仿哥釉出戟花觚（故宫博物院藏）

## 仿哥釉瓷

知识
拓展
**7.4**

　　清人蓝浦在《景德镇陶录》（卷三"陶务条目"）中记载："工有作。作者，一户所作器也，各户或有兼作，统名曰作。官古器作、上古器作、中古器作、釉古器作……碎器作、紫金器作等。"该书又载："哥器，镇无专仿者，惟碎器户兼造，遂统称哥窑户。以前户能辨本原，今仿哥者只照式仿造，究不知哥何由称矣。"说明明代消亡以后，人们很快就忘记了哥窑的由来。仿哥窑瓷器逐渐成为景德镇御窑和民窑的一个重要品种，且其仿烧的釉色为"铁骨哥釉，有米色、粉青两种"，民窑仿烧的一般没有款识，极易被人们视作传世哥窑瓷器。

视频 7.4

## （二）吉州窑

　　吉州窑在文献记载中亦出现过仿哥窑器。《景德镇陶录》记载："碎器窑，南宋时所烧造者，本吉安之庐邑永和镇另一种窑，土粗坚，体厚质重，亦具米色、粉青样，用滑石配釉，走纹如块碎，以低墨土赭搽薰，既成之器，然后揩净，遂隐含红黑纹痕，冰碎可观，亦有碎纹素地加青花者。"蓝浦在《镇仿古窑考》中云："吉州宋末有碎器亦佳，今世俗讹呼哥窑。其实假哥窑虽有碎纹，不同鱼子，且不能得铁足。若铁足，则不能有声，惟仍呼碎器为称。"清人唐秉钧的《文房肆考图说》则云："吉州窑，出今吉安州永和镇……宋时有五窑……又有碎器更佳，今世俗讹称哥窑，体厚质粗者，不甚值钱。"这两处记载表明南宋末在吉安永和镇有碎器窑，民间误称其为"哥窑"。由于吉州窑仿哥窑器、窑址等考古资料的缺乏，碎器窑的产品情况尚未得知。

**知识拓展 7.5**

**碎瓷器**

明清以来哥窑器深受追捧，但哥窑器不好仿制，要么鱼子纹仿制不出，要么紫口铁足烧不出。尤其蓝浦在《镇仿古窑考》中云，"若铁足，则不能有声"。这句话非常有趣，意思是如果烧出铁足效果，瓷器就扣不出声音。我们知道，瓷器烧成后敲之会有清脆的声音，如果没有声音就说明这件瓷器的胎体因烧制时温度过高已出现裂纹，一碰就碎，因此只能称它们为"碎器"。这种看上去和传世哥窑器有类似外貌的碎瓷窑器是不能和传世哥窑器混为一谈的。

视频 7.5

## 四、龙泉哥窑

在龙泉有一个家喻户晓的传说：宋代一位优秀制瓷艺人，他的两个儿子承袭父业，哥哥的窑场是哥窑，主要生产黑胎青瓷，弟弟的窑场是弟窑，主要生产白胎青瓷。但在近代以来，龙泉的白胎青瓷较为多见，而黑胎青瓷较为罕有。为了验证龙泉是否生产过黑胎青瓷，自 20 世纪中叶以来，考古工作者对浙江龙泉地区多次进行考古挖掘，终于在大窑、溪口瓦窑垟、小梅镇瓦窑路等地出土了一批黑胎青釉瓷，造型有盘（图 7.15）、觚（图 7.16）、瓶（图 7.17）等。这批黑胎青瓷虽与传世哥窑器差异较大，但具有浅白断纹的特征，与明代陆深《春风堂随笔》描述的"哥窑，浅白断纹，号百圾碎"相符；具有紫口铁足的特征，与明代曹昭《格古要论》描述的"铁足紫口、色好者类董窑"相符；具有色青、浓淡不一的特征，与《格古要论》描述的"旧哥窑色青，浓淡不一"相符。黑胎青瓷的产品，具有紫口铁足的哥窑器特征，再加上清晰的白色裂纹，与文献中的哥窑器相符，但与明代以来名声显赫的传世哥窑器的金丝铁线和米黄、月白釉色有明显不同，是另一种风格的哥窑器，被当今学术界称为龙泉哥窑。

图 7.15 青釉盘（浙江省博物馆藏）

图 7.16 青釉觚（浙江省文物考古研究所藏）

图 7.17 青釉海棠口白菜瓶（四川宋瓷博物馆藏）

视频 7.6

**知识拓展 7.6**

## 龙泉窑黑胎青瓷稀少的原因

在海内外遗址、墓葬、窖藏和沉船中都能看到龙泉窑白胎青瓷的身影，黑胎乳浊釉青瓷数量较稀少。为什么会出现这样的情况呢？一方面，龙泉窑绝大部分为民窑体系，所产青瓷具有追求利润最大化的商品属性，粉润青翠白胎青瓷看起来更加美观，它的市场认可度要优于黑胎青瓷。另一方面，白胎青瓷的成品率高，黑胎青瓷的成品率低。从陶瓷工艺学角度来说，紫金土含量高的黑胎瓷泥和紫金土含量低的白胎瓷泥相比，制作同样造型的器物，前者更容易变形，生产成本也更高。

无论是威名远扬的传世哥窑，还是与南宋官窑颇有渊源的"哥哥窑"，或是模仿传世哥窑的碎器窑，以及逐渐受到关注的龙泉哥窑，都反映出哥窑器在收藏界的广受关注。哥窑以裂纹装饰独步陶瓷界，纵然釉色可以是米黄、月白、粉青，但裂纹的独特语言让哥窑成为最容易辨识的青瓷品类。哥窑器造型优美，格调高古，对中国瓷器制作技术和装饰艺术的发展起到了重要的推动作用，对于后世的瓷器制作也产生了深远的影响。

## 第二节　哥窑典型器赏析

哥窑器自明代开始深受王公贵族的喜爱，但被普通老百姓所耳熟能详、津津乐道，离不开 2013 年上映的一部电视剧——《正阳门下》（图 7.18）。这部剧讲述了 20 世纪 70 年代以来老北京胡同里的普通百姓，随着时代变迁不断努力生活、向阳而生的故事。《正阳门下》独特之处是将目光对准了古玩收藏这一行业，以古董收藏为线索，推动剧情的发展，其中"哥窑八方杯"被多次提起并成为剧中人物冲突白热化的导火索。特别是"灵前摔杯"的桥段，不但摔出了人物的真性情，而且震撼了观

图 7.18　正阳门下剧照

众的心。剧中两位收藏大家都珍视的哥窑八方杯，是剧中出现的包括汝瓷、青花瓷、珐琅彩瓷等在内众多藏品中的佼佼者，可见哥窑器之珍贵。

**知识拓展 7.7**

**电视剧《正阳门下》中的"哥窑八方杯"**
电视剧《正阳门下》中的两位重要人物"九门提督"和"破烂侯"都是老北京人，虽然"九门提督"与"破烂侯"的父亲曾有过节，但精通中国文化且爱收藏的两人却互为知己。与哥窑八方杯相关的经典场景有两个：一是"九门提督"听说"破烂侯"有一只哥窑八方杯想掌掌眼，"破烂侯"提条件，要相互交换看宝贝；二是在"九门提督"灵前，"破烂侯"敬酒吟诗，之后摔了哥窑八方杯以示敬重。

视频 7.7

关于哥窑，流传最广的莫过哥哥和弟弟相互纠葛的故事。相传，宋代龙泉县，有一位很出名的制瓷艺人，姓章，名村根，擅长制瓷。他有两个儿子，章生一和章生二，兄弟俩自幼随父学艺，深得其父真传。老大章生一厚道肯学、吃苦耐劳，章生二亦有绝技在身。父亲去世后，兄弟分家、各开窑场，哥哥章生一所开的窑场即为哥窑，弟弟章生二所开的窑场即为弟窑。兄弟俩都烧造青瓷，都各有成就，但老大技高一筹，烧出"紫口铁足"的青瓷，一时名满天下。老二心眼

小，心生妒意，趁其兄不注意，搞破坏，所用方法流传有很多版本：比如，弟弟把黏土扔进了哥哥的釉缸中，哥哥用掺了黏土的釉施在坯上，烧成后一开窑，满窑瓷器的釉面全都开裂了。又如，哥哥正在烧窑，突然有急事需要外出，就把烧窑的事托付给弟弟。通常瓷窑烧成后需要停火，等冷却到常温以后才能打开窑门，但弟弟却在烧到最高温时，忽然打开窑门，将冷空气引入窑内使高温的瓷器骤然遇冷。开窑后，哥哥满窑瓷器的釉面全都开裂了，裂纹有大有小，有长有短，有粗有细，有曲有直，且形状各异，有的像鱼子，有的像柳叶，有的像蟹爪。哥哥欲哭无泪，拿到市场上低价进行处理，没想到却深受市场认可，哥窑器从此名扬四方。故事呈现了民间文学惯用的"善妒人弄巧成拙、善良人终得好报"模式，文学色彩强烈、深得民心，流传经久不衰。其实，导致哥窑器产生裂纹的因素有很多，除了往釉缸中扔黏土改变釉料配方和在青瓷烧制快完成时急剧降温等行为，导致裂纹产生的根本原因是胎和釉的收缩率不同。陶瓷从泥坯到成瓷需要烧制，釉和胎都会收缩，收缩率是烧成尺寸与烧前尺寸的比值。哥窑器裂纹形成的根本原因是釉的收缩率大于胎的收缩率，并不是章生二撒把土或开个窑门那样简单，是一代代窑工聪明智慧和辛勤汗水的结晶。

## 胎釉收缩率不同时的三种情况

**知识拓展 7.8**

瓷釉和瓷胎烧成后都会收缩，有各自的收缩率，陶瓷的釉和胎的收缩率有三种情况：

若釉的收缩率＞胎的收缩率，此时釉面会被瓷胎拉裂，釉面形成裂纹效果；

视频7.8

若釉的收缩率＝胎的收缩率，此时釉面紧紧扒在瓷胎上，釉面平整光滑；

若釉的收缩率＜胎的收缩率，此时釉和瓷胎之间会形成空隙，釉面直接从瓷胎上剥落。

明代开始流行金石考据之风，朴拙雅致的传世哥窑器深受贵族士大夫阶层的喜爱，明末名士文震亨在《长物志》（卷七"器具"）中写道"磁器用官、哥、定窑古胆瓶，一枝瓶，小菁草瓶、纸槌瓶……新铸铜瓶、建窑等瓶，俱不入清供"，表明以哥窑为代表的瓷瓶是插花清供的佳品。

　　电视剧《正阳门下》中哥窑八方杯的渊源我们不得而知，但从形制上看与故宫博物院的仿哥釉八方高足杯（图7.19）极为接近。这件高9.5厘米、口径8.2厘米、足径3.7厘米的哥窑八方杯为明代成化时期制作的仿哥窑器，撇口、圈足，杯身为八方形喇叭式，高足上凸起弦纹一周，足同为八方形，寓意"八面来风、八方聚财"，为成化时期的创新品种。此杯胎体较厚，口、足施酱紫色釉，以效仿宋哥窑"紫口铁足"的效果。杯内外均施以开片青釉，以黑色纹为主，偶有黄色纹交织，外壁开片较大，内里及足部的片纹细碎。足底书青花款楷书"大明成化年制"六字。传世哥窑做工精致、开片优美、为世所珍，明初已仿制出传世哥窑器，但仿制最成功的当属成化时期，这件哥窑八方杯就是其典型代表。但与宋代传世哥窑还是有一定区别：第一，传世哥窑多为祭器，形制多源于商周青铜器，明代仿哥窑器出现日用器，反映了明代对高品质日用瓷的需求；第二，传世哥窑釉质哑光、润泽如酥，明代仿哥窑器釉质光亮、光泽度强；第三，传世哥窑釉色以米黄和月白为主，明代仿哥窑器开始大量出现灰青色；第四，传世哥窑开片细碎如蟹爪、鱼子，明代仿哥窑器开片较大，片纹规整；第五，传世哥窑裂纹颜色丰富细腻，无论金丝铁线还是鳝血，色彩柔和含蓄，有天然之美。明代仿哥窑器裂纹颜色较深、较生硬，以铁线为主，人为着色痕迹明显。

图7.19　仿哥釉八方高足杯（故宫博物院藏）

**清供**

清供是将一些清雅不俗之物供于几案之上用来祈福，起源于佛前供花。早期主要供奉蔬果，后期供奉之物包括金石、书画、古器和盆景等在内的一切可供赏玩的雅致之物。每年正月初一，把这些雅玩拿出来供奉是文人、贵

族最流行的岁朝清供形式，画家们以清供之品入画，或工笔，或工兼写，辅以诗，成就了融画、诗、书、印于一体的"岁朝清供图"。

哥窑器是残缺美的典范，将本是工艺缺陷的开片裂纹经后期染色处理，幻化出独一无二的美感体验，深得明清文人的青睐。本来月白、米黄、淡灰青的釉色比不得一般青瓷的如玉质感，但经过黑色、深褐色、红色着色后，凸显出冰裂纹、鱼子纹、蟹爪纹等，呈现出低调华美、浑然天成的古拙气质，自成一派。

# 第三节 咏哥窑诗文

我们常说宋代五大名窑为"官、哥、汝、定、钧"，这种说法并不严谨。事实上，"哥窑"这种称谓在宋代并没有出现过，它最早出现于元代晚期，真正流行于明代中叶，特别是嘉靖以后赏玩哥窑碎器之风大兴。开片在青瓷烧制过程中经常出现，越窑、汝窑、南宋官窑等瓷面也多有裂纹，但这种以着色开片碎纹为特征的瓷面装饰风格是哥窑开创的先河。从此改变了青瓷不断追求"如冰似玉"的方向，另辟蹊径，转而追求浑然天成的裂纹之美，并经常与青铜古器陈列于几案之上，彰显其所有者高雅脱俗的审美品位。文人如此，帝王自然也不能免俗，乾隆皇帝是其中的佼佼者，在他的《御制诗集》里，咏哥窑的诗就有二十多首。

# 一、《咏哥窑炉》

咏哥窑炉

伊谁换夕薰，香讶至今闻。

制自崇鱼耳，色犹缬鳝纹。

本来无火气，却似有云氤。

辨见八还毕，鼻根何处分？

（选自故宫博物院：《故宫博物院藏御制诗陶瓷器》，第 58 页）

哥窑香炉多仿制青铜礼器"簋"的造型，轮廓上敛下丰，呈"S"形，左右对称饰鱼形耳（图 7.20）。除了鱼形耳香炉还有桥形耳、冲天耳等香炉，不同形制的香炉寓意不同，放置的位置也有讲究。鱼形耳有情缘美满的寓意，多放置于卧房等私密空间；桥形耳有通达如桥的寓意，多放置于书斋等办公场所；冲天耳有上达天听、崇敬尊上的意蕴，最初是皇家专用，后多置于大厅等开放空间。

图 7.20　仿哥釉鱼耳炉（故宫博物院藏）

《咏哥窑炉》诗的前两句"伊谁换夕薰，香讶至今闻"，写出乾隆皇帝在摩挲把玩哥窑香炉时，好像闻到了哥窑炉内香料的余味，像在自言自语般吟道"是谁换的夜晚用的帐中香，现在还能闻到它的香味"。第三、四句"制自崇鱼耳，色犹缬鳝纹"，描写的是哥窑香炉的形制和纹路，这件哥窑香炉的耳朵是鱼形耳，纹路是如鳝血一样的红色。第五、六句"本来无火气，却似有云氤"，形容的是

哥窑香炉的釉质特点："无火气"和"有云氤"的哑光质地。最后两句"辨见八还毕，鼻根何处分"，则是由此及彼，表达把玩哥窑香炉之后有感而发："即使你能辨别万物的各种形态，能分辨出鼻根是从哪里分开的吗？"这可能是作为帝王的无可奈何的感慨吧！

## 二、《哥窑盘子》

### 哥窑盘子

处州精制擅章生，盘子曾供泛索盛。

新法不看百圾破，那知得号有难兄。

（选自故宫博物院：《故宫博物院藏御制诗陶瓷器》，第38页）

这首御制诗题在一米黄釉的哥窑盘底部，该盘为六瓣葵花口、浅弧壁、圈足，形制规整，内外均施釉，釉色米黄，满布细碎开片纹，足端露胎呈深褐色，是典型的宋传世哥窑器（图7.21）。这首诗反映出章生一因机缘巧合烧制出开片哥窑器这一民间传说影响之广泛，连当时的收藏大家乾隆帝也存在这种认知，将传世哥窑器与龙泉哥窑器混为一谈。可见民间文学影响力量之大！

图7.21　米黄釉葵瓣口盘（故宫博物院藏）

在《咏哥窑盘子》诗中，前两句"处州精制擅章生，盘子曾供泛索盛"指出处州（今称龙泉）的章生一擅长制作哥窑器，这件哥窑盘曾盛放过专为帝王制作的糕点。后两句"新法不看百圾破，那知得号有难兄"指出哥窑最具特色的就是

"百圾破"，"百圾破"是乾隆帝对哥窑"百圾碎"的独特称呼，是一种看起来相互交织的小纹片，属哥窑所特有的陶瓷开片纹饰。

**思考题**

1.哥窑有几种代表？它们分别有什么特点？

2.结合汝窑、南宋官窑的特点，谈一谈哥窑器与其他青瓷的最大不同之处在哪里。

第八章

粉润青翠龙泉窑

青

瓷

赏

析

中国陶瓷大家陈万里先生曾说过："一部中国陶瓷史，半部在浙江；一部浙江陶瓷史，半部在龙泉。"龙泉窑是在北宋晚期，依赖得天独厚的自然条件和越窑优质的烧造技术，迅速崛起的青瓷窑口，是继越窑之后规模最大、历史最久、影响最深的青瓷窑口之一，是历史上民窑中的佼佼者，瓷美质优、产量巨大。2009 年龙泉青瓷传统烧制技艺被列入《人类非物质文化遗产代表作名录》，是唯一入选的陶瓷类项目（图 8.1）。

图 8.1　龙泉窑青瓷凤耳瓶
（松阳县博物馆藏）

### 龙泉窑的传说

关于龙泉窑的由来，流传最广的要数章生一和章生二的故事。故事以善妒人章生二弄巧成拙、善良人章生一得到好报为设定，因其文学色彩强烈而深得民心，流传经久不衰。但这只是故事的前半段，并不是故事的最终结尾，故事的后半段为：章生二做了错事后感到愧疚，在得到哥哥章生一的原谅后，深感打铁还需自身硬，决定潜心研究白胎青瓷烧制技艺，在哥哥的帮助下最终使自己的弟窑器也日趋完美，并得到市场的认可。故事里章生二的弟窑就是龙泉窑。

知识
拓展
8.1

视频 8.1

## 第一节　龙泉窑历史概述

龙泉窑的崛起离不开越窑的衰落，北宋末年越窑卓越的制瓷技术通过熟练窑工的流入传入浙江山区的龙泉，加之龙泉充足的原料和燃料、便利的水路交通、廉价的劳动力和低薄的赋税，成就了龙泉窑崭新的历程。龙泉窑的烧造历史源远流长，大致经历北宋的创始期、南宋的鼎盛期、元代的全盛期、明代早期的萎缩期和明代晚期的衰落期五个阶段，龙泉窑作为最具活力的民窑窑场之一，良好的市场认可促进了龙泉窑产业的蓬勃发展。

### 路易·艾黎对龙泉窑的赞颂

作为古代中国与世界交流的文化使者，龙泉青瓷早已扬名海内外。新西兰著名作家、陶瓷专家和诗人路易·艾黎也赞颂过龙泉青瓷："龙泉，四周是烟云覆盖的群山，树木成林的斜坡，这里送走了成千上万个年头，富于创造性的工人酿造的美，已经在许多博物馆里展出，仍为今人孜孜不倦地追求。那些被遗忘的陶工双手创造出来的工艺品，仍享有高雅的尊严。"诗人的语言总是那样优美抒情，如同龙泉窑的粉青、梅子青温润的釉色，征服了无数人的心，如玉胜玉的感觉尤为令人心生欢喜。

视频 8.2

## 一、创始期

北宋统一，结束了五代以来的战乱和动荡，社会安定为经济的发展创造了稳定的局面。越窑大批工匠纷纷迁往龙泉一带立窑烧瓷，龙泉窑便在这样的背景下，依托丰富的制瓷原料和燃料，以及廉价的劳动力，逐渐发展起来。北宋早期龙泉窑产业初具规模，窑址数量不多，规模不大，窑场主要集中在大窑、金村、大白岸等地。瓷器种类有碗（图 8.2）、盘、粉盒（图 8.3）、钵、盆、罐、瓶、罂（图 8.4）、注子（图 8.5）等，式样不多，以碗、盘等实用器为主。器物普遍胎料处理不精，胎体较厚，胎色较深，多呈灰或灰白色，胎釉结合良好。以淡青釉为主，釉色多青中泛黄或泛灰，釉层较薄，开片较多，釉层透明，具有一定的玻璃质感。比较重视装饰，以刻划花为主，在刻花内填以细密的篦划纹，刻花刀法犀

图 8.2　龙泉窑青瓷碗（浙江省博物馆藏）

图 8.3　龙泉窑青瓷盒（松阳县博物馆藏）

左图 8.4　龙泉窑青瓷多嘴罂（中国国家博物馆藏）

右图 8.5　龙泉窑青瓷注子（浙江省博物馆藏）

利豪放，划花刀法精细纤巧。纹饰内容比较丰富，主要有团花、莲花、缠枝花卉和折扇纹等，与越窑青瓷一脉相承。

## 二、鼎盛期

南宋建立后定都临安，随着政权的逐步稳定，经济也开始步入繁华。大量的北方人口南迁，带来了优秀的文化和先进的技术，为龙泉窑的发展注入了新鲜血液。北方汝窑工匠的到来，将乳浊釉烧制技术带来，并结合龙泉特有泥料和釉料，生产出了黑胎厚釉青瓷和白胎厚釉青瓷两类优质产品，将青瓷生产的工艺推向高峰，其中以白胎厚釉青瓷为主流。白胎厚釉青瓷是南宋时期龙泉窑的主要产品，胎质较厚、细腻，胎色白中带灰，釉层丰厚，釉质柔和滋润，呈粉青、梅子青等色，将青瓷的釉色之美推向了青瓷艺术的顶峰。瓷器品种丰富，有碗（图8.6）、罐、盒、灯等家居用器，有笔筒、水盂、砚滴、笔架等文房用具，有花瓶（图8.7）、香炉（图8.8）、塑像（图8.9）等陈设瓷，还有鸟食罐、象棋等器具。南宋中期，粉青釉和梅子青釉烧制成功，龙泉窑青瓷开始以造型和釉色取胜，纹饰减少，多数器物为素面，少量带装饰的器物上主要有弦纹、莲瓣、牡丹、龙、凤、鱼纹等。此外，还出现了利用露胎处的二次氧化现象来美化器物的手法，如在人物的脸部和手部等处不上釉，使烧成后的这些部位与上釉的其他部位产生强烈的色彩对比和质感对比。

左上图 8.6　龙泉窑青瓷碗（丽水市博物馆藏）

右上图 8.7　龙泉窑青瓷弦纹瓶（日本根津美术馆藏）

左下图 8.8　龙泉窑簋式香炉（湖州市博物馆藏）

右下图 8.9　龙泉窑青瓷何仙姑像(浙江省博物馆藏）

## 南宋的建立与龙泉窑的鼎盛

知识拓展 8.3

视频 8.3

　　宋室南渡以后，定都临安，大量的北方人口南迁，带来了优秀的文化和先进的技术。临安成为南宋的政治、经济、文化中心，江南地区的经济进一步繁荣。同时，南宋政权为了增加财政收入，鼓励对外贸易，青瓷成为重要的外销商品。在浙江地区其他窑场相继衰落的情况下，龙泉窑得到迅速发展。南宋时期，龙泉窑的生产规模迅速扩大，窑场数量急剧增加，分布地域空前扩大，以龙泉大窑、金村（包括庆元县上垟）和溪口为中心的广大地区，以及龙泉周边的庆元、缙云、云和、遂昌和丽水莲都等地都出现了一些生产风格类似的青瓷窑场。窑场遍及瓯江流域，共有窑址 300 余处，形成了一个庞大的龙泉窑系。

**元代龙泉窑规模**

知识
拓展
8.4

元代龙泉窑在窑场数量和规模等方面，在南宋的基础上进一步扩大，窑场遍及瓯江两岸及支流区域，甚至钱塘江支流乌溪江和闽江支流区域也出现瓷窑，共发现窑址 445 处。其中，龙泉东区已发现的窑址 164 处。除了龙泉的各窑区，在云和县麻垟等地亦有瓷窑分布。这些窑场多绵延数里，形成了有规模的窑场密集区，出现了"瓯江两岸，瓷窑林立，烟火相望，江上运瓷船舶来往如织"的繁荣景象。

视频 8.4

## 三、全盛期

元灭南宋后，结束了南北分裂的局面，建立了横跨亚欧大陆的帝国。元朝的大统一，促进了国内各民族之间经济、文化的交流和相互影响。同时，政府重视手工业和商业，极力发展对外贸易，在这样的社会背景下，龙泉窑青瓷大规模向海外输出，使龙泉窑进入了瓷业生产的全盛期，并成为青瓷生产的中心。元代龙泉窑青瓷多厚重高大，釉层厚薄不一，釉色以梅子青为主，粉青次之，釉质大多比较莹润。元代龙泉窑的青瓷种类非常丰富，常见的有碗、盘（图 8.10）、盏、茶托、把杯、注子等饮食用具，罐、粉盒、唾壶等日用器，香炉、瓶、花盆（图 8.11）等陈设瓷，洗、笔筒、笔架、砚滴（图 8.12）等文房用具，以及鸟食罐、塑像（图 8.13）等器具。每一种器物又有多种式样，如盘有八角盘、菊花纹盘、荔枝纹盘、桃花纹盘、敞口圆唇盘和折沿盘等。装饰手法有刻划花、贴花、印花、堆塑、镂刻、点彩以及露胎贴花等。元代龙泉窑青瓷普遍都有纹饰，常见的有莲、云鹤、云龙、桃花、茶花、回形、水波、龟等，题材极为广泛。

左图 8.10　龙泉窑青瓷云鹤纹盘（龙泉青瓷博物馆藏）

右图 8.11　龙泉窑青瓷花盆（韩国新安海域沉船出水）

左图 8.12　龙泉窑青瓷舟形砚滴（浙江省博物馆藏）

右图 8.13　龙泉窑青瓷道士像（浙江省博物馆藏）

**贴花与露胎贴花**

知识
拓展
**8.5**

贴花是将范印好的花纹粘贴在坯上，花纹凸起醒目，如盘内底的双鱼、龙纹等就是这种做法。而露胎贴花，则是将范印或雕塑成的纹饰，粘贴在釉上，素胎烧成后呈现赭红色，在青釉的衬托下，色彩鲜艳，十分显眼，具有很好的装饰效果。例如，朝鲜半岛西南部新安海域元代沉船出水的一种盘，其中心贴饰桃花，整体形成了红花绿叶的效果。

视频 8.5

除了生产民用瓷和外销瓷之外，龙泉窑在元代也烧制宫廷用瓷。《元史》记载："中统以来，杂金、宋祭器而用之。至治初，始造新器于江浙行省，其国器悉置几阁。"在新安海域元代沉船出水的龙泉青瓷中，有底部刻"使司帅府公用"铭文的青瓷盘，清晰地表明为宫廷烧制的青瓷在被宫廷挑拣后，剩下的便作为商品瓷出售。

## 四、萎缩期

明代早期，龙泉窑延续了元代的发展势头，继续生产精美的产品，并烧造宫廷用瓷。官用瓷器的高要求，使龙泉窑在明初的一段时间内保持了一度的繁荣。明代中期，随着海禁政策的实行和景德镇窑业的兴盛，龙泉窑的生产规模已开始进入萎缩期。此时龙泉窑的核心生产区域在大窑的岙底一带，烧制中心沿龙泉溪下游扩展。这时期器物胎体厚重，胎呈灰白或灰色，大部分器物只施一次釉，釉层较薄，少数厚釉者，釉色较深，有玉质感，釉色以翠青为主色调。主要器型有碗（图8.14）、盘（图8.15）、盏、盖罐（图8.16）、瓶（图8.17）、香炉等，器盖有梅瓶盖、荷叶形盖、素胎狮纽盖、八角形盖、菱花口形盖等，但总体上不如元代的丰富。器物纹样相对简练，装饰手法主要是戳印、刻花、剔花、雕塑和镂刻等，而贴花装饰则几乎不见。明中期仍然盛行印花，题材主要有牡丹纹、菊花纹、茶花纹、金刚杵纹等。

左图8.14　龙泉窑青瓷碗（浙江省博物馆藏）

右图8.15　龙泉窑青瓷桃纹盘（日本静嘉堂文库美术馆藏）

左图8.16　龙泉窑青瓷盖罐（日内瓦鲍氏东方艺术馆藏）

右图8.17　龙泉窑青瓷梅瓶（日本五岛美术馆藏）

**知识拓展 8.6**

## 明代龙泉青瓷刻花特点

明代早期，由于釉层的增厚，由斜刀浅刻发展为斜刀深刻，所刻线条生猛、刚劲，给人以深沉雄厚的感觉。明代中期的刻花深浅不一，所刻纹饰构图比较随意，多勾勒缠枝莲纹、莲瓣纹等。剔地刻花装饰出现于明代早期，明代中期在注子、盖罐、香炉等器物中比较盛行。此种手法所制图案或文字凸出于器表，题材多为大的花卉，如牡丹花、缠枝莲、菊花等，以及吉祥语，如"清香美酒""福如东海""金玉满堂""寿比南山"等。

视频8.6

## 五、衰落期

明代晚期，龙泉窑产品质量下降，《龙泉县志》记载："青瓷窑……明正统时顾仕成所制者，已不及生二章远甚，化治以后，质粗色恶，难充雅玩矣。""器之出于琉田者，已简陋利微，而课税不减，民甚病焉。"由此可知，明代晚期龙泉窑青瓷产品已经粗陋不堪，利润微薄，但政府依然收重税，使青瓷从业者们苦不堪言。很多窑工因生活难以为继，迁往他处，从而导致瓷窑数量大大减少，龙泉窑走向了衰落。再加上景德镇窑的快速崛起，品种丰富的景德镇白瓷、青花瓷、彩绘瓷等瓷器迅速占领世界陶瓷市场，中国青瓷独占鳌头的辉煌时代自此结束。

**知识拓展 8.7**

### 龙泉窑衰落的原因

龙泉窑在明代晚期衰落是由内因、外因共同造成的。

在内因方面，明朝中后期皇权争夺日趋激烈，社会动荡不安，财政拮据，腐败盛行。统治者为充盈国库，盘剥百姓，龙泉青瓷窑场也未能幸免。沉重赋税下，大窑、金村一带的大型窑场纷纷关闭，龙泉青瓷核心制瓷技艺随之流散，龙泉窑业主骨架已基本垮塌。

视频 8.7

在外因方面，明朝从正统开始，政府推行严苛的海禁政策，禁止一切对外贸易、闭关锁国。海禁使龙泉青瓷的海外民营贸易受到重创，国际市场流通受阻，龙泉窑业生产日趋萎缩，龙泉青瓷窑业大势已去。

# 第二节　龙泉窑典型器赏析

金鱼村是四川省遂宁市的一个普普通通的小村庄，全村不过数十户人家，属四川盆地中部丘陵低山地区，是典型的平坝地形。当地有将死者埋葬在自家菜园子里的丧葬习俗。20 世纪 90 年代的一天，金鱼村村民王世全因病去世，他的妻子就在自家菜地找了一块地方准备埋葬他。负责挖墓穴的几个乡邻挖了没多深，突然就传出金属的撞击声音，应该是锄头碰到了金属，大家停下来，忙用手扒开泥土查看到底是什么，原来是一只锈迹斑斑的长柄铜器，大家拿出了这件铜器，又尝试着往下挖了几锄头，没想到底下除了几件铜器，还有挺多的瓷器，这时王家人心里就开始打鼓，会不会是挖到了谁的坟地？正当王家人不知所措时，有村民提醒他们，从地下挖出的宝贝属于国家，得赶紧报警。于是王家人便去村委会上报了相关情况，随后文物专家就展开了发掘工作，一批埋藏了八百多年的宝藏终于重见天日。

### 窖藏

窖藏大多数时候跟战争、灾祸等突发情况有关，当灾祸降临时，古人为了赶紧逃亡，无法随身携带过多物品，通常会先把金、银、铜钱和贵重的器物等一些有价值的物品埋在地下，等待日后局势稳定再回来重新取出，埋藏地点没有规律性。我们今天能够发现的窖藏其实就是那些一直埋在地下而没有机会被取出来的物品。正因为受主人重视，所以窖藏中出土的器物大多比较精美，而且很大一部分是当时的上等产品。窖藏的文物在不同时期有不同种类，商周时期多是青铜器，比如陕西岐山董家村窖藏，出土了著名的毛公鼎；唐代多是金银器，比如陕西何家村窖藏，出土了著名的葡萄花鸟纹银香囊；辽宋金元时期则以瓷器为主，比如金鱼村窖藏，出土了著名的龙泉窑青瓷荷叶盖罐。

视频 8.8

原来这批宝藏不是谁的陪葬品，而是一批南宋时期的窖藏。经过文物部门的悉心挖掘，这块小小的菜地里共出土了一千多件文物，除了少量的石器和铜器，大部分是精美的宋代瓷器，共计九百多件。金鱼村发现的这批宋瓷，无论是数量还是质量，都创造了国内外宋瓷出土之最。两宋时期是中国陶瓷史上的一次高峰，龙泉窑的青瓷、景德镇窑的青白瓷都是极具代表性的品类。在金鱼村的这批窖藏中，龙泉窑青瓷以胆瓶、小贯耳瓶和瓜楞瓶等陈设瓷居多，景德镇窑青白瓷以盖碗、菊瓣盘（图 8.18）等日用瓷为多。

图 8.18　青白瓷菊瓣盘（四川宋瓷博物馆藏）

**窖藏的埋藏方式**

　　窖藏的埋藏方式大概有两种：一种是当埋藏的器物比较小时，会把它们先装进陶罐、陶缸或者铜盆等大容器里，然后再用其他东西盖起来，或者直接倒扣在疏松的沙土上；另一种是当埋藏的器物比较大时，会把器物直接埋在地下，放的时候首尾衔接叠放在一起，容易磕碰的器物外围可再摆几件铜器，然后用沙土把器物的间隙填满。王家人挖到的窖藏就属于后一种埋藏方式，所以他们首先碰到的就是铜器。

视频 8.9

　　在所有的窖藏出土瓷器中，有一件特别引人注目的大器，它色如青梅，温润如春水，线条流畅优美，这便是现藏于四川宋瓷博物馆的龙泉窑青釉荷叶盖罐（图 8.19），是一件当之无愧的国宝。这件荷叶盖罐的口径为 23.5 厘米，腹径为 31.7 厘米，足径有 16.1 厘米，高有 31.5 厘米，最大的腹围接近 1 米，罐身圆润，盖沿弯曲呈荷叶状。这件大罐除了唇口和圈足部分露胎，通体内外施梅子青釉，釉层肥厚，色泽莹润，釉面光洁平整，呈乳浊状。

图 8.19　龙泉窑青釉荷叶盖罐（四川宋瓷博物馆藏）

体量巨大，具有典型的南宋龙泉窑特征。龙泉窑以烧制青瓷而闻名，釉色苍翠。北宋和南宋早期，龙泉窑器物的釉色玻璃感强。到了南宋中后期，由于北方汝窑工匠的加入，配制出了石灰碱釉，器物的玻璃感减弱、乳浊感增强，瓷釉厚润似天然古玉，并且素面无纹。这件荷叶盖罐符合南宋龙泉窑器物的显著特点，是南宋龙泉窑青瓷中最大、最完整的一件盖罐，堪称绝品。

荷叶盖罐多用于盛放酒、水等液体，或茶叶、干果等吃食，很久以来一直被认为是元代以后才有的。但遂宁窖藏出土的这件龙泉窑青釉荷叶盖罐，告诉我们在南宋后期就已经出现这种器型，它改写了陶瓷史，意义非凡。这件精美的大体量荷叶盖罐怎么会出现在远离浙江龙泉的四川一个小村庄里呢？要想揭开这些谜团，就要从历史中寻找线索。四川是宋朝时期农业、商业极为发达的地区，物产丰饶，人民生活富裕，除了农业，盐、糖、丝织品等商品的大量生产，使得四川当地的贸易往来异常繁荣。瓷器作为重要的商品，此时更是大肆流通。遂宁位于四川盆地中部、涪江中游，东临重庆，西接成都，是四川主要商贸城市的交通枢纽，号称东蜀之都会。在这样一个贸易交流繁盛、人文气息浓厚的大背景下，龙泉窑精品瓷器大量出现在遂宁就不足为奇了。遂宁金鱼村窖藏出土的瓷器品质优良、器型丰富，同类瓷器多达数十件，尽管历经数百年的掩埋，这些瓷器仍然完整如新，找不到使用过的印记。由此推测，这批窖藏的珍品有可能是一些未售的商品，它们的主人有可能是个商人。

### 金鱼村窖藏的时代背景

视频 8.10

**知识拓展 8.10**

除了金鱼村窖藏，四川是目前国内宋元时期窖藏瓷器出土最为密集、数量最大的地区之一。究其原因，主要是因为四川是宋蒙战争前期的主战场。1231 年，觊觎南宋的蒙古政权"假道伐金"入侵四川，开始南下灭宋。但在四川遭到川人的顽强抵抗，直到公元 1279 年南宋灭亡，四川军民进行了近半个世纪的抵抗之战。四川这片曾经长期物阜民丰的土地，经历了这样一场近半个世纪残酷的屠杀和战乱，可谓民生凋敝。在这样的乱世之中，多数人逃难不便携带贵重物品，只得就地掩埋，希望还有机会回来。但他们中的大部分人可能再也回不来，使得这些窖藏的器物才得以被后世发现。

这件精美绝伦的龙泉窑青釉荷叶盖罐被它的主人小心埋藏，希望来日取回时还能助自己东山再起，但这批货物再也没有等来它们的主人。这件巨大的荷叶盖罐被挖掘出来时，并非空无一物，罐内藏有九十九件景德镇窑青白釉菊瓣盘。虽然罐内还有较大空间，但并没有其他器物，不多不少整整九十九件菊瓣盘。"九"字，在中国传统文化中有天长地久之意，九十九件菊瓣盘放在一个罐子中，暗含"九九归一"、国家早日统一的希冀。菊瓣盘的"菊"字也跟安居乐业的"居"字谐音，希望家人们能够团团圆圆、安居乐业。

所有这些推测让我们还原出当时的景象：南宋末年，天府之国的四川处于战乱之中，商人在遂宁经商几十年，希望这片昔日的沃土能够早日恢复和平，但战火一直烧了四十多年并没有停下的意思。商人越来越绝望，再不舍也得到南方避难，他指挥人手清点贵重货物，奈何实在太多只能把不好携带的瓷器就地掩埋。随着地面被掘开，他将心爱的荷叶盖罐小心翼翼地放在最稳妥的位置上，罐子里面空间很大，伙计们尽量把一些菊瓣盘塞进去。商人默默地看着，当菊瓣盘快装完时，他突然让伙计们停下了，反复清点出九十九件小盘，怀着对国家早日平息战乱、长治久安、家人团圆、安居乐业的希望将菊瓣盘小心翼翼地装进荷叶盖罐中，连同其他珍宝一起，填上细沙，封上泥土，做上标记。之后，商人不舍地离开了家乡，从此再也没回来。

这是一件祈愿和平的龙泉窑青釉荷叶盖罐，在那个兵荒马乱的年代里，生命如风中的烛火，随时可能会熄灭。它同时也为我们敲响警钟，始终要居安思危，防患于未然，没有国家的安宁就没有人民的幸福生活。

# 第三节　咏龙泉窑诗文

作为中国乃至世界陶瓷史上烧制年代最长的历史名窑之一，龙泉窑产品种类异常丰富，既有做工精致的陈设瓷，又有薄利快销的日用瓷，上至王公贵族，下至黎民百姓都能够拥有。龙泉窑青瓷以瓷质细腻、色泽清脆晶莹、线条明快流畅、造型端庄浑朴著称于世，特别是梅子青和粉青釉色自古以来深得文人雅士的喜爱。乾隆皇帝是其中之一，在他的《御制诗集》里，也有多首咏龙泉窑的诗。

# 一、《咏龙泉窑碗》

**咏龙泉窑碗**

越器那能更见唐，宋窑已自入珍藏。

八笺几度传秘制，片羽千秋辉吉光。

次定质坚无碍薄，拟官色翠亦相方。

铜箍口足耐摩玩，益茗还宜点笔尝。

（选自故宫博物院：《故宫博物院藏御制诗陶瓷器》，第339页）

碗在今天多是用于盛饭的器皿，但在唐宋时期，因当时喝茶是煮茶法和点茶法，所以碗还用来喝茶。

在这首《咏龙泉窑碗》中，前两句"越器那能更见唐，宋窑已自入珍藏"，乾隆帝由唐代的越窑器，引出宋代龙泉窑器也非常珍贵。第三、四句"八笺几度传秘制，片羽千秋辉吉光"，乾隆帝赞颂龙泉青瓷釉色经历千年依然美丽，指出在高濂编著《遵生八笺》中有关于龙泉窑制作秘方的流传。第五、六句"次定质坚无碍薄，拟官色翠亦相方"，乾隆帝写出手中龙泉窑青瓷碗的胎质"坚""薄"，釉色与宋官窑相似显"翠"色，说明这件龙泉窑青瓷碗的品质非常高。最后两句"铜箍口足耐摩玩，益茗还宜点笔尝"，描写这只龙泉窑青瓷碗的口和足包了铜扣更加耐人把玩，既可以用作喝茶的茶杯，又可以用作润笔的文房用具，可以看出乾隆帝对这只青瓷碗的喜爱。

# 二、《咏龙泉盘子》

**咏龙泉盘子**

盘子龙泉釉，陶成修内司。

何年归绝域，经岁翳沙陂。

饱识膻浆味，宁无故土思。

李陵俨人也，相较不如伊。

（选自故宫博物院：《故宫博物院藏御制诗陶瓷器》，第339页）

在宋、元、明时期，龙泉窑青瓷作为贸易流通广泛的商品，曾经有一批出土于新疆地区，后又被清代宫廷所收藏。诗中描写的这件龙泉盘子就是其中之一，乾隆帝详细记录了它的由来并赋诗一首。

该诗前两句"盘子龙泉釉，陶成修内司"，表明乾隆帝认为这件盘子是由南宋修内司烧制、施以龙泉釉的盘子。第三、四句"何年归绝域，经岁瘗沙陂"，因为这件盘子是当地的回族人从地里挖掘出的，所以乾隆帝感叹这件盘子不知何年流入边疆，并被埋在黄沙下多年。第五、六句"饱识膻浆味，宁无故土思"，相传青瓷盘即使在夏天用来盛马奶酒也不会坏，乾隆帝认为这件龙泉盘子经常用来盛奶浆，应该不会思念故土。最后两句"李陵俨人也，相较不如伊"，由物及人，感叹像西汉李陵那样一位恭顺谦虚的名将，在抗击匈奴时被俘，而客死他乡。他的境遇还不如这件龙泉盘子，能够回归故土。这篇诗显示出乾隆帝广博的知识和对这件龙泉青瓷盘子的珍视。

思考题

1.龙泉窑生产青瓷有几个历史阶段？它们分别有什么特点？

2.结合龙泉窑衰落的原因，想一想青瓷规模化生产应当规避哪些方面。

第九章 青瓷文化的传播

青

瓷

赏

析

中国陶瓷历史悠久，文化源远流长。自越窑青瓷在东汉末年横空出世，到北方的耀州窑、汝窑，南方的南宋官窑、哥窑、龙泉窑等青瓷窑口相继出现，它们源源不断向周围地区输出陶瓷产品、输送制瓷技艺并传播青瓷文化。随着水陆交通的不断贯通和向外扩展，青瓷的影响力不仅仅涉及周围地区，而且影响全国范围，甚至走出国门传播到东亚、东南亚、非洲和欧洲等地，将陶瓷文化远播开来。同时，周边国家和地区的民风民俗、宗教信仰等也对深居内陆的青瓷制造产生影响，青瓷在这种社会广泛需求与自身不断提升的良性互动中蓬勃发展。

**知识拓展 9.1**

### 珠光青瓷

珠光青瓷的命名与日本的"茶汤鼻祖"村田珠光有着深厚的渊源。珠光青瓷是由福建同安窑烧制的一种青瓷，因胎质较粗、釉层偏薄、釉色青中发黄而显得质朴古拙，深受珠光法师的青睐。同安窑在南宋时期受龙泉窑影响很

视频 9.1

大，其烧制的珠光青瓷主要用于出口，产量很大，价格便宜，深受日本、朝鲜和南洋各国百姓的欢迎，但整体品质较龙泉窑逊色很多。稚拙的珠光青瓷与村田珠光的草庵茶室相得益彰，这种简洁朴素的茶室成为与日本皇室贵族充斥着精美华丽唐物的茶室截然不同的存在，也别有一番趣味。

# 第一节　青瓷文化的国内传播

青瓷在不同时代都有自己独特的风貌和代表性窑口，每个青瓷窑口从兴起到没落也都有自己的高光时刻。这些代表性窑口的鼎盛时期，青瓷产品行销全国，制瓷匠人被其他地区引入，文化在潜移默化中像流水般灌溉到其他地区。

## 一、青瓷产品的全国流通

青瓷产品在很长一段时间都是人们日常生活用品的首选。虽然古人的日用之

---

物因年代久远无从考证，但古人"视死如生"和厚葬的习俗为我们提供了证据。以越窑为例，依据对近几年墓葬出土文物的研究，越窑的青瓷产品除了在浙江地区销售外，还销往江苏、安徽、湖北、山东、河南、陕西、福建、湖南以及东北地区。产品包括注子、碗、盘等日用器，还包括猪圈（图9.1）、瓷俑（图9.2）、灶（图9.3）等冥器。这些无言的青瓷都在向我们展现一幅幅当时人们生活的精彩画卷。

青瓷除了墓葬出土，窖藏出土的也不少。近些年，龙泉窑窖藏青瓷出现了很多精品，除了前面章节提到的四川遂宁宋代窖藏出土了现存最大最完整的龙泉窑青釉荷叶盖罐，1985年浙江义乌工人路窖藏出土了100多件元代龙泉窑青瓷，有吉字瓶、荷叶盖罐、玉壶春瓶、鱼形砚滴和三足炉等。2018年浙江宁波余姚巍星路出土了宋末元初窖藏，出土完整或可修复文物31件（组），除了8件形制大、造型精美的青铜器，一对龙泉窑青瓷贴花"寿山福海"缠枝花卉凤尾尊（图9.4），纹饰细腻、装饰精美也非常引人注目。青瓷窖藏多因突发的战争或灾祸，它们的主人——商人、富贵之家或官员贵族一时不能携带这些珍宝而选择暂时埋藏，一方面反映了当时青瓷的珍贵，另一方面也反映了青瓷已经通过商贸活动流通到全国各地。

图9.1 越窑青瓷猪圈（日本浦上苍穹堂藏）　图9.2 越窑青瓷男俑（南京博物院藏）　图9.3 越窑青瓷楼阙灶（南京市博物馆藏）　图9.4 龙泉窑青瓷凤尾尊（余姚博物馆藏）

## 二、青瓷装饰纹样的流传

青瓷多以釉色取胜，有些产品光素无纹、清新淡雅，还有些产品花纹满布、奔放热烈，耀州窑青瓷就是其中的佼佼者。耀州窑在唐代学习越窑烧造青瓷，从早期类似越窑的刻划花纹，随后不断从金银器装饰、丝织品花纹和雕刻中汲取营养，在宋代形成自己刻花遒劲、纹样洒脱、满花装饰、凹凸感强的独特风格，这一时期青瓷执壶、盘、碗是耀州窑青瓷的经典代表。耀州窑青瓷装饰纹样丰富多彩，题材广泛，有植物纹、动物纹、人物纹和几何纹样，甚至出现利用文字来作装饰的器物，有"福""寿""长春富贵""连生贵子"等吉祥词语。耀州窑工匠们将这些纹样融会贯通形成一幅幅优美的图案，这些装饰纹样以及装饰技法对之后的汝窑、南宋官窑等窑口都产生很大影响，这些装饰纹样是中国青瓷刻花装饰取之不尽的重要宝库。

宋代中期之后，耀州窑的主要产品逐渐转为印花装饰，印花装饰是指借助刻有纹样图案的印花范具在坯胎上印出花纹的一种装饰手法，印花一次脱模成型，不仅缩短了生产周期，而且大大提高了生产效率。特别是对于装饰纹样复杂的图案，印花要比刻花快很多。印花艺术水平的高低主要取决于所用印花范具制作水平的高低，因此范具在制作之时花纹都极为繁复，为避免印出花纹呆板模糊的情况，印花多与刻花、剔花相结合，但印花与纯手工刻花还是存在很大差别，艺术性有所下降。然而，印花工艺的出现是社会不断发展、商品经济发达的结果，随着印花工艺的普遍推广与运用，耀州窑青瓷产量大增，满足了当时市场大批量的需求，从而能够远销海内外、声名远扬。同时印花技法对南方沿海地区的广州西村窑、广西永福窑和容县窑等窑口产生很大影响，其产品一度与耀州窑极为接近。

## 三、制瓷技艺的国内传播

青瓷制瓷技艺的传播除了邻近地区，还会在距离较远的产瓷地区落地生根。青瓷始于南方越窑，越窑的制瓷技艺促进了北方耀州窑和南方龙泉窑的青瓷制作技艺。耀州窑的制瓷技艺则影响了北方汝窑，汝窑的形制和釉色在南方南宋官窑器上得到了直观体现。同时，汝窑乳浊釉的配置技术帮助提升了龙泉窑器的艺术美感，使龙泉窑成为烧制时间最长的青瓷窑口。不同时代的青瓷出口离不开沿海港口，除了产瓷区陶瓷产品的直接出口，在广东、福建等地出现了一批主要生产出口陶瓷的窑场，他们学习不同窑口的技术进行生产。以广东的窑场为例，唐代时以生产越窑风格青瓷为主，宋代以后受龙泉窑影响较大，烧制龙泉窑风格青瓷，兼烧景德镇青白瓷等。这些都反映出青瓷烧制技艺的广泛传播。

清代浮梁县令沈嘉徵在《窑民行》中提到"工匠来八方，器成天下走"，生动描绘了制瓷技艺的传播主要依靠陶瓷匠人的迁徙和流动而实现。史料上不乏此类记载，例如，南宋初期耀州窑所在地区被金人占领，移民甚多，这批逃亡者中不乏技术熟练的青瓷工匠，这批工匠带来了北方先进的制瓷技术，最有说服力的是景德镇窑的覆烧法开始在这一时期广泛运用。明朝中期以后龙泉窑逐渐式微，而景德镇窑因生产青花瓷、彩瓷、颜色釉瓷等，则蓬勃发展、蒸蒸日上。一些优秀的龙泉窑制瓷匠人来到景德镇窑继续烧制青釉产品，但与龙泉青瓷还是存在差异，而且产量有限，青瓷终因社会审美取向的变化逐渐沉寂。

## 第二节　青瓷文化的国外传播

青瓷的对外传播方式主要是贸易和赏赐，其中贸易是大宗。青瓷美丽的造型和湖水般的色彩成为财富与地位的象征，优良的使用功能为其他国家和地区的人们带来生活的便利。青瓷制瓷技术的外流也很活跃，朝鲜的高丽秘色瓷（图9.5）、日本青瓷（图9.6）等相继烧造成功，为世界青瓷的繁荣注入了新的活力。

图9.5　高丽窑青瓷套盘（韩国国立中央博物馆藏）

图9.6　鱼耳青瓷瓶（日本爱知县美术馆藏）

视频 9.2

### 高丽窑简介

**知识
拓展
9.2**

　　高丽是朝鲜历史上的王朝，我国古代经常用来指代朝鲜，高丽窑瓷器是对高丽国所烧造瓷器窑口的统称。唐、五代时期，越窑的制瓷技艺经海路传入朝鲜半岛，极大地促进了当地瓷业的发展。高丽窑瓷器前期有非常明显的越窑基因，中后期逐渐发展出自己的艺术特色，既有素面无纹的青瓷，也有刻划花的云龙、凤凰等纹饰，宋人将高丽窑瓷器中的精品称为"高丽秘色"。北宋宣和年间，出使高丽的徐兢在《宣和奉使高丽图经》中记载："陶器色之青者，丽人谓之翡色。近年以来制作工巧，色泽尤佳。"清唐秉钧在《文房肆考》中讲："《高丽窑》——出高丽国，与饶相似。色粉青者似龙泉，有细花者仿佛北定。"

## 一、青瓷产品的世界流通

　　从南宋末年开始，青瓷对外传播的范围囊括了亚洲、非洲和欧洲等地。其中以日本为最，在韩国新安海域打捞出的新安沉船，正是从中国庆元港（今浙江宁波）开往日本博多港的商船，商品主要是龙泉窑青瓷。在日本福冈、佐贺等地的遗址、墓葬、海峡中都有发现宋、元时期的龙泉窑青瓷。另外，印度尼西亚、马来西亚、菲律宾、越南等地也有龙泉窑青瓷的身影，产品除了碗、盘、碟等与国内相似的日用器，还有一些符合当地人用餐习惯特制的大盘、大碗等，反映出浙江地区当时就是国际青瓷制造基地。

　　在青瓷产品的外销过程中，除了贸易往来，还有官方交流。在阿拉伯半岛东部的朱尔法遗址中出土了大量明代龙泉窑青瓷、景德镇窑青花瓷等中国外销瓷残片，其中一块花纹为十字金刚杵的青花盘残件（图 9.7）与龙泉大窑枫洞岩窑址出土的一件青瓷盘残件（图 9.8）形制非常相似，而这件青花盘残件上的十字金刚杵纹与故宫博物院藏的一件青花十字金刚杵纹盘（图 9.9）所绘纹式极为相似。这批在朱尔法遗址出土的青瓷残件存在官窑器特征，可以说明明代朝廷从龙泉大窑定制官窑器，龙泉青瓷以外交瓷的方式到达这里，成为中国与波斯湾地区源远流长文明交流的见证。明中期以后，龙泉窑逐渐式微，以青瓷为代表的单一釉色瓷逐渐被景德镇生产的青花瓷、古彩瓷、粉彩瓷等所替代。

图9.7 青花盘残件（拉斯海马茜长国国家博物馆藏）　图9.8 青釉刻花金刚杵纹盘（龙泉青瓷博物馆藏）　图9.9 青花十字金刚杵纹盘（故宫博物院藏）

## 二、传入地生活习惯的改变

出口青瓷物美价廉，良好的使用功能使其在餐饮用器方面具有很大优势。宋代，马来半岛、印尼、文莱等地吃饭多以树叶为碗盘盛放食物，我国青瓷日用器皿的传入，改变了东南亚各国人民的用餐习惯。到元代，印尼人已经习惯使用龙泉青瓷盘、碟等盛放食物，特别是模印双鱼纹的青瓷盘，在当地很受欢迎。从以树叶为碗盘到日常使用青瓷碗盘，反映了青瓷优良的使用体验为当地人民的生活带来了更多的便利。

青瓷除了对普通民众的生活产生影响外，对贵族阶层也产生很大影响。历史上，日本和中国关系紧密，唐朝中晚期，日本向中国派遣大批的遣唐使学习先进文化。他们把中国饮茶习惯和器具带回日本，并受到以天皇为首的贵族阶层的欢迎，其中就有青瓷的身影。南宋时，日本权臣向浙江阿育王寺布施黄金，得到一只龙泉青瓷葵瓣碗作为回礼。几百年后，这只碗传到了当时掌权大将军之手，将军十分喜爱，但由于使用日长，出现多道裂痕，他将碗送回，希望当时的大明皇帝照原样再赐一个。可那时龙泉窑已没落，仿制不出如此釉色的物件，明朝皇帝只好命工匠将裂痕用锔钉锔住，由其使者带回日本。因锔钉形状像大蚂蝗，因此这件青瓷碗被称为南宋龙泉蚂蝗绊茶碗（图9.10）。这种极具历史沉淀感的锔瓷茶器开始在日本茶道界蔚然成风，一时风头无两。

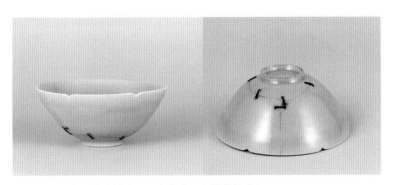

图 9.10　龙泉蚂蝗绊茶碗（日本东京国立博物馆藏）

## 三、制瓷技艺的国际传播

中国的制瓷技艺源远流长，青瓷制瓷技艺更是直接推动了高丽窑的发展与壮大。据记载，公元 10 世纪左右，越窑工匠曾赴朝鲜全罗南道当地的官窑窑场进行技术指导，并参与龙窑的搭建和青瓷的生产，其所烧造的青瓷造型、装饰和釉色具有很强的越窑特征。唐代耀州窑以刻花、印花为特色，同时也有镶嵌瓷工艺，镶嵌瓷工艺传到朝鲜后，促进了当地青釉镶嵌瓷新品的产生。

除了高丽窑，越南的青瓷生产也深受中国制瓷技艺的影响。自公元 10 世纪，越南开始走向独立，政权更迭需要兴建宫殿、寺院等，自然需要高品质的陶瓷制品。为了满足国内需要，在大量输入中国陶瓷产品的同时越南开始仿制，已出土发现了仿宋样式的白釉、青釉的钵、盖碗以及瓷盒等。到 12—13 世纪，越南陶瓷继续学习中国宋代陶瓷的生产工艺：在装饰上，模仿龙泉青瓷刻划花纹来装饰碗、盘、钵、瓶等日用器皿；在技术上，为提高生产效率采用叠烧工艺，器物内底留有支烧痕迹。显然，越南窑业在发展过程中受到中国宋元制瓷技术的影响，则是不言而喻的。

# 第三节　当代青瓷文化的传播

现代青瓷的恢复源于周恩来总理的深切关怀。1957 年，周恩来总理在全国轻

工业厅长会议上指示："要恢复五大名窑生产，首先要恢复龙泉窑和汝窑。"<sup>①</sup>浙江龙泉和河南汝州迅速做出回应。龙泉窑的恢复得益于国家轻工业部、中国科学院上海硅酸盐研究所、浙江省轻工业厅等联合成立了浙江省龙泉青瓷恢复委员会，经过科研人员对上百个配方的实验、试烧，龙泉青瓷的精确配方逐渐得到完善，濒临灭绝的龙泉青瓷终于恢复了生产。汝窑的恢复，首先，得益于临汝县（今河南省汝州市临汝镇）汝瓷厂豆绿釉烧制成功；其次，在国家轻工业部的资金支持下建立临汝县汝瓷二厂，开展汝瓷的专业研究和生产，并研制出汝窑天蓝釉；再次，河南省轻工业科学研究所联合临汝县汝瓷厂和临汝县汝瓷二厂，历时 4 年 300 多次实验烧制出汝官窑天青釉。随后更多的釉色和烧成技术被攻克，为汝窑复兴铺平了道路。

越窑、耀州窑、南宋官窑等青瓷窑口也有类似经历，在政府的主导下，联合科研机构、生产厂矿等经过几年甚至几十年时间的反复实验，最终复烧成功。同时，各个窑口都建立了一支老中青传承有序的青瓷生产队伍，生产了一大批青瓷精品，在满足广大人民生活需要的同时，远销海外，成为出口创汇的主力军。

青瓷在中国古代陶瓷史上影响巨大，对中国陶瓷的发展和世界陶瓷的发展产生积极影响，在中华大地上，最早烧出的符合现代标准要求的瓷器就是青瓷，它为历代文人、贵族所珍爱和推崇。它的美，美在造型；它的美，美在纹饰；它的美，美在釉色。青瓷是我们取之不尽、用之不竭的灵感源泉。

**思考题**

　　1.青瓷家喻户晓，结合身边的青瓷产品尝试探究它们的由来，并讲讲你和它们的故事。

　　2.在世界范围内流传着许多有关中国青瓷的故事，请收集这些故事并分享给身边的朋友。

---

① 汝瓷恢复和成就[EB/OL]. (2022-07-07)[2024-01-20]. https://www.ruzhou.gov.cn/contents/37765/502586.html.

# 参考文献

［1］《汝窑志》编纂委员会.汝瓷志［M］.上海：中华书局，2018.

［2］方李莉.中国陶瓷史［M］.济南：齐鲁书社，2013.

［3］故宫博物院陶瓷研究所.故宫博物院九十二华诞哥窑学术研讨会论文集
　　［M］.北京：故宫出版社，2020.

［4］金益荣，金鑫.中国龙泉青瓷的传统技艺与创新［M］.杭州：浙江电子音像
　　出版社，2018.

［5］牟宝蕾.龙泉窑通鉴［M］.杭州：浙江人民美术出版社，2017.

［6］牟宝蕾.南宋官窑通鉴［M］.杭州：浙江人民美术出版社，2017.

［7］牟宝蕾.越窑通鉴［M］.杭州：浙江人民美术出版社，2017.

［8］牟晓林.耀州窑［M］.北京：文化艺术出版社，2019.

［9］王锐.中国耀州瓷艺术研究［M］.北京：中国书籍出版社，2015.